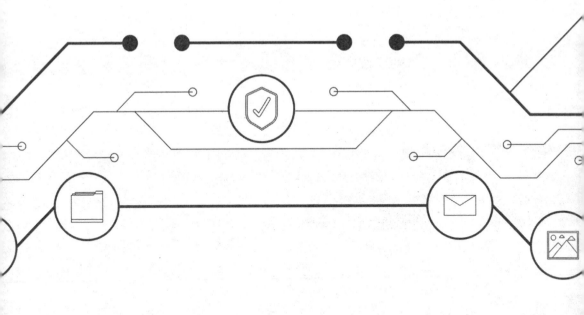

差分隐私在社会网络数据发布及支持向量机分类中的应用

李晓晔　孙振龙　著

黑龙江大学出版社

HEILONGJIANG UNIVERSITY PRESS

哈尔滨

图书在版编目（CIP）数据

差分隐私在社会网络数据发布及支持向量机分类中的
应用 / 李晓晖，孙振龙著. -- 哈尔滨 ：黑龙江大学出
版社，2024.3（2025.3 重印）
　　ISBN 978-7-5686-1029-2

　　Ⅰ．①差… Ⅱ．①李… ②孙… Ⅲ．①人际关系－数
据管理－研究 Ⅳ．① C912.11

　　中国国家版本馆 CIP 数据核字（2023）第 170278 号

差分隐私在社会网络数据发布及支持向量机分类中的应用
CHAFEN YINSI ZAI SHEHUI WANGLUO SHUJU FABU JI ZHICHI XIANGLIANG JI FENLEI ZHONG DE YINGYONG
李晓晖　孙振龙　著

责任编辑	高　媛
出版发行	黑龙江大学出版社
地　　址	哈尔滨市南岗区学府三道街 36 号
印　　刷	三河市金兆印刷装订有限公司
开　　本	720 毫米 ×1000 毫米　1/16
印　　张	13.75
字　　数	225 千
版　　次	2024 年 3 月第 1 版
印　　次	2025 年 3 月第 2 次印刷
书　　号	ISBN 978-7-5686-1029-2
定　　价	56.00 元

本书如有印装错误请与本社联系更换，联系电话：0451-86608666。

前　言

近年来,随着人工智能、大数据和云计算等技术的快速发展,人与人之间的关系变得越来越紧密,也因此形成了各种各样的社会网络。透过社会网络可以了解到许多社会现象,如疾病传播、情绪感染、职业流动等。当社会网络的数据信息被入侵者恶意使用时,用户的隐私将会受到极大的威胁。同时,越来越多的个人信息存储在电子数据库中,用于机器学习及个性化推荐。数据中存在敏感信息,如果直接应用传统的数据挖掘或机器学习算法对数据信息进行分析与共享,将给个人隐私带来巨大的威胁。支持向量机作为一种高效的分类方法,在解决小样本、非线性数据分类方面具有明显的优势。但在利用支持向量机对未知分类数据进行预测时,分类模型中包含的支持向量机等信息需要随分类模型同时发布,而这些信息都来自原始数据的完整实例。因此,与其他的机器学习方法相比,支持向量机的分类模型存在更严重的隐私泄露问题。

差分隐私是目前为敏感数据分析提供隐私保护的重要方法之一,在数学上具有严格的定义,而且可以通过隐私预算参数 ε 衡量保护程度,其已成为隐私保护方法的公认标准。本书首先将差分隐私应用到社会网络隐私保护中,从离线数据的角度分析问题,以非交互式的方式发布结果数据,面向实际的发布需求、数据特性,以及关于隐私问题的不同方面开展研究。同时,面向支持向量机分类模型存在的隐私泄露问题,考虑已有的隐私支持向量机方法存在的不足,针对支持向量机隐私泄露问题的不同方面,笔者运用不同的差分隐私实现机制提出了相应的隐私保护方法。具体的研究工作如下:

(1)针对推荐系统中计算预测评级时的隐私泄露问题,本书提出一种方法结合两种扰动方式发布预测评级结果。在发布场景一中,用户 – 项目偏好图是一个二部图,边权表示用户个人的评级数据,该项评级内容关联着敏感信息,发布预测结果时需要提供隐私保护。该方法基于差分隐私进行协同过滤,隐藏个人的评级信息并提供有价值的预测结果,使用已有算法计算预测评级,其中相似性计算基于用户–用户相似性,借助用户之间的某种行为关系。DPI（DP input）方法扰动原始评级,在此基础上利用已有推荐算法直接进行预测。DPM（DP manner）方法基于原始评级,在算法实现的过程中扰动所需的各种测量值并提供预测评级。最后,在真实数据集上的仿真实验表明,在保证差分隐私的前提下,两种方法都能够提供有价值的预测结果,可以实现隐私保护下的预测推荐任务。

（2）针对加权网络中的边权重的隐私保护问题,本书提出一种 MB – CI（merging barrels and consistency inference）扰动策略。在发布场景二中,假设网络的拓扑结构是已知的公开信息,其中仅有边权重关联着敏感信息,表示通信的频率、商品交易的价格、关系的亲密度等。该方法将边权重序列视为一个无归属直方图,基于这个直方图可以实现对网络中边权重的差分隐私保护。在社会网络中,有部分边具有相同的权重值,可以把相同计数的桶合并为一个组以减少噪声的添加量。简单的合并操作可能会通过噪声自身的量级泄露一些信息,因此提出组间 K – 不可区分的概念来满足差分隐私。为了保持大多数的最短路径不变,再根据权重序列的初始次序进行一致性后置处理。最后,在合成数据集和真实数据集上的仿真实验表明,该方法在保证差分隐私的前提下,能够有效提高发布数据的精度和可用性。

（3）针对网络统计中发布聚集信息时的隐私泄露问题,为了提供更多关于社会网络中群体之间的行为信息或簇之间的模式信息,本书提出一种基于边–差分隐私的方法,发布各个社区聚集系数的分布情况。在发布场景三中,任意两个节点之间的边可以表示朋友关系、合作关系、交易关系等,网络中一条边的存在与否被视为敏感信息。该方法包含 DPLM（DP Louvain method）和 DPCC（DP clustering coefficient）两个算法,分别进行隐私保护下的社区划分及直方图发布。算法 DPLM 应用指数机制,改编 Louvain 社区发现算法。由于引入了随机性,所以提出绝对增益的概念替代原算法中的相对增益。在优化模块度阶段,为每个节点净化邻居社区,即保留有效社区并从中随机选择可移入的社区。算法 DPCC 使用直方图的形式输出聚集系数的噪声分布,以更直观的方式呈现结果数据。最后,在真实数据集上的仿真实验表明,该方法在保证边－差分隐私的前提下,能够提供有价值的数据分布结果,算法 DPLM 作为社区发现方法的一种改进,能够获得更优的网络模块度。

(4)为了在隐私保护下发布社会网络图,再现社科研究中有价值的结果,本书提出一种基于 wPINQ 平台的改进算法 rTbI(triangles by intersect)实现图重构计算。在发布场景四中,图中任意两点之间边的存在与否被视为敏感信息。该方法基于边－差分隐私、扰动发布图的结构保证图中的边信息不被泄露。初始的工作流源于一个种子图,该图实质上是一个满足噪声度序列的 $1K$－图。鉴于不够精确的同配系数,该方法截断工作流以替换一个更优的种子图,通过对原种子图进行目标 $1K$－重连接,设定目标即为同配系数,同时保持 $1K$－分布。然后,在 MCMC 过程中使用新的种子图作为初始状态,通过 TbI 查询所提供的相关信息,以迭代的方式逐步提高合成图中三角形的数量。最后,在真实数据集上的仿真实验表明,该方法在保证边－差分隐私的前提下,能够更好地保持所发布的社会网络图的数据可用性。

(5)针对核支持向量机分类模型中支持向量的隐私泄露问题,本书提出了一种基于指数机制和拉普拉斯机制的差分隐私混合机制保护方法。该方法不改变核支持向量机的训练过程,利用指数机制和拉普拉斯机制的各自优势,通过对分类模型中的支持向量进行后置处理的方式来保护支持向量的隐私信息。在该方法中,将每个支持向量看成是不相交的独立分组,并按照相似性参数的最大值将每个非支持向量合并到对应的分组中。根据给定的相似性参数及组内非支持向量数是否满足大于限制参数 k 的条件,分别利用指数机制或拉普拉斯机制保护组内的支持向量。从理论上证明了该方法满足差分隐私,真实数据集上的对比实验也验证了该方法的有效性,实验结果表明,该方法与已有的隐私支持向量机方法相比,其能获得更好的分类性能。

(6)针对线性支持向量机分类模型的隐私泄露问题,本书提出了一种基于指数机制的差分隐私工作集选择方法。该方法采用改进的常量因子违反对算法选择工作集,并设计了一个简单的打分函数,利用指数机制在工作集选择的过程中引入随机性,最终发布一个隐私支持向量机分类模型。该方法的最大优势是不要求目标函数的可微性,也不需要像经典的目标扰动或输出扰动方法那样复杂的敏感度分析。从理论上证明了该方法满足差分隐私,真实数据集上的对比实验也验证了该方法可以获得与非隐私支持向量机相近的分类正确性、优化函数的目标值及更少的迭代次数,更适合用于对大样本数据进行支持向量机分类。

李晓晔、孙振龙现为齐齐哈尔大学计算机与控制工程学院教师、黑龙江省大数据网络安全检测分析重点实验室成员。本书的主要内容是笔者对研究成果进行的归纳与总结。全书共 7 章,其中第 2~5 章主要介绍面向社会网络的差分隐私保护方法,第 6~7 章主要介绍面向支持向量机分类的差分隐私保护方法。李晓晔负责撰写第 2~5 章、第 1 章的部分内容及参考文献,约 13 万字;孙振龙负责撰写第 6~7 章及第 1 章的部分内容,约 9.5 万字。本书的出版获黑龙江省省属高等学校基本科研业务费科研项目"面向机器学习的隐私保护方法研究"(项目编号 145209124)资助。

李晓晔　孙振龙

2023 年 11 月

目　录

第1章　绪论

1.1　本书研究背景和意义

近年来,随着人工智能、云计算和大数据技术的快速发展,以及智能移动终端的广泛应用,我们的世界开启了全新的大数据时代,时刻都在产生新的数据。计算机设备在采集、存储和处理能力等方面也获得了极大的提升,越来越多的个人信息存储在电子数据库中,如经济记录、医疗记录、网络搜索记录、社会网络数据等。现实生活中存在许多社会网络,如各种合作网、引文网、语言学网等,或者是基于人们收发电子邮件组成的网络。透过社会网络不仅能够显示个人的网络特征,还可以了解许多社会现象,如疾病传播、情绪感染、职业流动等。各类社交网站每天都会产生大量的个人数据,存储着用户的属性信息,这些信息大多与个人生活密切相关,例如身份信息、偏好信息、家庭信息,转账、缴费等财务信息,以及用户不愿意完全公开的数据资料等。如果这些数据被入侵者恶意使用,用户的隐私将会受到极大的威胁,因此,社会网络中用户的隐私安全问题受到越来越多的关注与重视。

机器学习已经成为从大数据中提取和分析有用信息的强大工具之一,为企业决策和个性化服务提供了有力的技术支持,也给人们的生活带来了极大的便利。然而,当数据中包含个人敏感信息时,如果直接应用传统的机器学习算法对数据信息进行分析与共享,将给个人隐私带来巨大的威胁。因此,个人信息的隐私保护需要通过安全技术手段来实现。我国已于2021年11月1日起正式实施《中华人民共和国个人信息保护法》,从法律层面对个人信息权益进行保护,也促进了个人信息的合理利用。

分类算法是一项重要的机器学习任务,可以从标记训练数据集中训练出一个分类模型用于对未知数据进行分类。支持向量机(support vector machine, SVM)是一种基于结构风险最小化的常用分类方法,尤其在解决小样本、非线性、高维度数据分类方面具有明显的优势。支持向量机及其改进算法已经在各种模式识别领域中获得了广泛的应用,包括手写字体识别、人脸检测、图像分类、文本分类、信号处理、语音识别、疾病诊断等。与深度学习等其他分类方法相比,支持向量机的主要优势包括:具有更严格的统计学理论和数学基础;可以在一定程度上避免"维度灾难"及陷入局部极值问题,即使在数据不充分的情况下,依然可以得到当前条件下的全局最优解;分类模型中的支持向量仅是一小部分训练数据,降低了算法在对未知分类数据进行预测时的计算复杂性。

支持向量机通过求解训练数据中的二次规划问题来获得分类模型,当训练数据中包含个人敏感信息时,同样会给个人隐私带来巨大的威胁。而且,在发布支持向量机分类模型用于对未知分类数据进行预测时,分类模型中包含的支持向量及其对应的数据分类标签需要随分类模型同时发布。相当于将训练数据中包含的个人隐私信息直接泄露给应用该分类模型进行分类预测的用户。与其他的分类方法相比,支持向量机分类模型存在更严重的隐私泄露问题。因此,需要应用相应的隐私保护方法,在保证尽可能少损失支持向量机分类性能的情况下,保护分类模型中包含的隐私信息不被泄露。

综上所述,本书分别面向社会网络数据发布和支持向量机分类模型存在的隐私泄露问题,运用不同的差分隐私实现机制提出了相应的差分隐私保护方法。其中,面向社会网络数据发布的差分隐私保护方法为社会网络分析和数据挖掘方法提供必要的隐私保证,对于社会网络数据研究与分析具有重要意义,当与社会科学研究相结合时,能够在隐私保护下深入分析各种有趣的社会问题,进一步了解群体之间的行为或人类社会的模式等信息。面向支持向量机分类的差分隐私保护方法既可以保证发布的支持向量机分类模型满足隐私保护的要求,又可以最大限度地保证分类模型的分类性能尽可能接近非隐私支持向量机,并通过隐私预算平衡隐私保护的水平和分类模型的可用性。所提出的差分隐私保护方法也不改变非隐私支持向量机的训练过程,因此可以与已有的各种支持向量机改进方法结合起来,对扩展支持向量机在处理隐私数据分类的具体应用上起到积极的作用。提出的差分隐私保护方法的思想也可以迁移到其他机器学习任务中,为当前大数据时代机器学习的相关研究工作及实际应用提供更好的隐私保证。

1.2 基础知识

为了更好地理解本书提出的差分隐私保护方法,本节首先介绍社会网络的基本特性、包含的隐私信息以及可能遭受的隐私攻击,然后从支持向量机的线性和非线性两种分类模型的区别解释其存在的隐私泄露问题,最后概述了差分隐私保护方法的基本概念、常用实现机制及组合性质。

1.2.1 社会网络

20世纪90年代以来,社会网络分析已经逐步成为一门成熟的理论,社会学中的一些中层理论也在此基础上得到进一步发展。相比于传统的关系数据分析,基于社会网络数据进行链接挖掘,能够获得更加科学的模式和更加准确、丰富的信息。

(1)社会网络的基本特性

社会网络又称社会关系网络或社交网络。基于社会网络的一个著名研究是1967年哈佛大学的心理学教授斯坦利·米尔格兰姆设计的连锁信实验,尝试证明任何两个素不相识的人最多只需6个中间人就可以建立联系。他提出的六度空间理论又称六度分隔理论,即小世界现象,表明社会网络中任何个体间都存在一条相当短的路径。Leskovec等人使用MSN即时通信软件所收集的信息来研究六度空间理论,这是有关此理论进行的最大规模研究。六度分隔是一种弱连接关系,依据此关系可以传递信息,即能够提供源源不断的新信息。相对而言,三度影响力是一种强连接关系,即朋友的朋友的朋友,依据此关系可以引发行为,适用于传播态度、情绪、政治观点、快乐等。上海交通大学的特聘教授汪小帆指出,从近年来社会网络的演化趋势来看,随着网络规模的不断增大,个体之间的平均距离呈现减小趋势,正所谓更大的网络更小的世界。

图 1.1　社会网络的抽象结构

社会网络体现了人们的社交联系,并对人类现实行为产生影响。在科学研究中,通过社会网络建模与分析,可以进一步了解人类群体行为模式。关于社会网络的分析任务,通常是借助于"图"这种数据结构,具体的抽象结构如图1.1所示,社会个体被抽象为图的节点,他们之间的关系则构成图的边。社会网络构成了一类特殊的图,许多图论的研究方法可以应用于社会网络。例如,若图中缺少固有的特性,那么网络将会消亡;若图中发现有两个中心,那么网络很可能解体。一个大学空手道俱乐部成员之间的朋友关系如图 1.2 所示,这曾是 20世纪 70 年代人类学家怀恩·扎卡利研究的对象,其中两个中心人物并不是朋友,但足以显现内部小集团之间的矛盾,最终这个俱乐部分解成两个独立的俱乐部。

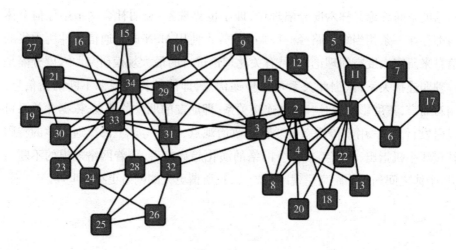

图 1.2　一个空手道俱乐部成员之间的关系

在许多实际的社会网络中,节点的度分布符合幂律分布,即大多数节点的度很小,而度很大的节点数极少。如果一个网络的度分布服从幂律分布,即 $P(k) \propto k^{-\gamma}$,其中 γ 是幂指数,则称这个网络为无标度网络。无标度性是描述复杂网络的一种内在性质,即其在整体上的分布是严重不均匀的。

(2)社会网络中的隐私信息

社会网络中的信息大多与个人生活密切相关,其中很多内容涉及个人隐私。隐私是一个带有感情色彩的词语,对于不同的人有不同的含义,关于隐私的界定通常也不明确。"隐私"一词也有许多定义,简单来说,即为不愿公开的个人私事或者他人不便干涉的个人领域。经调查表明,在目前已有社会网络中,一部分用户对个人隐私缺乏关注,一部分用户虽然表现出一定程度的关心,但是仍然低估了隐私泄露的风险。社会网络隐私保护的一些相关研究,主要是针对网络图中的各个元素,即节点隐私、边隐私,或者某些图的结构属性也被视为隐私信息。

节点隐私。在社会网络中,节点代表现实世界中的社会个体,包括个人或者组织等。对于社会个体而言,如若攻击者能够判断其是否存在于发布的社会网络中,则在某些情况下这被视为一种隐私泄露。若某个体出现在一个疾病传播网络中,则说明该个体已感染此种疾病。然而,如果该疾病具有家族遗传特性,即使在网络中已删除某个目标,若他的直系亲属存在于网络中,仍然能够推测出他很有可能患病,显然这是患者不愿公开的隐私信息。此外,如若攻击者确认某人不在社交网络之中,还有可能冒名顶替与其他节点建立连接,从而窃取他人更多的隐私信息。如若目标节点确定存在于社会网络中,在某些情况下,则其所处的准确位置被视为一种隐私信息。如若攻击者能够识别出网络中的某个目标节点,则会泄露关于该节点的属性与结构等隐私信息。例如,一个简单的朋友关系网络如图 1.3 所示,图 1.3(a)为该网络的原始图,假设节点标签属性值为工资收入,图 1.3(b)为删除身份信息后的匿名发布图。如若攻击者知道目标节点 A 有 4 个朋友,而发布图中只有节点 1 的度为 4,则可以确定节点 A 在网络中的位置,进而知道其工资收入、朋友之间的关系、在网络的中心地位等一些敏感信息。

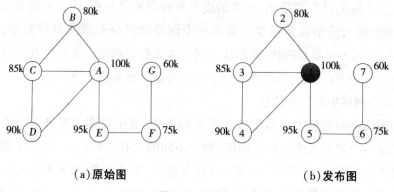

（a）原始图   （b）发布图

图1.3   朋友关系网络

边隐私。在社会网络中，一条边代表两个节点之间存在着关联，即两个社会个体之间具有某种关系。在某些情况下，如若攻击者能够判断出两个个体之间存在关系，则视为一种隐私泄露。例如，在婚恋交友网络中，如果两个节点之间存在一条边，则说明此二人曾经交往过。再如，在商品贸易网络中，如果两个节点之间存在一条有向边，则表明两个商户之间有交易，存在供求关系。这些信息具有一定的商业价值，应该给予必要的保护。在某些情况下，社会网络图中的边带有权重值，在不同的应用场景具有不同的含义。例如，在通信网络中，边权重可以代表个体之间的通信频率，进而反映出两个人之间的关系亲密程度；而在商业网络中，边权重可以代表商户之间的贸易额、销售量等信息，同样具有极高的商业价值，这些都被视为隐私信息并应该给予必要的保护。

结构属性。许多有关网络的结构属性，例如，网络中心势、网络传递性、网络直径、特征路径长度、社区结构等，它们是社会网络分析中的基本构成要素与重要评估标准。这些属性可能涉及某个群体的隐私，或者关乎某些个体的隐私。例如，某个公司的销售组织网络，如若攻击者能够获得关键节点的分布情况，则必然会对该公司构成一定的隐私威胁。此外，如若攻击者识别出关键节点的身份信息，则可能会泄露有关员工个人的隐私信息。所以在发布这些分析数据或者返回查询结果时，应该进行相应的隐私保护。

（3）社会网络中的隐私攻击

社会网络中包含着各类丰富的信息，依据不同的背景知识，攻击者可以采取多种攻击方式，因此各类隐私泄露的风险更大，社会网络中的隐私保护面临很大的挑战。所谓隐私攻击,是指攻击者在公开发布的社会网络数据中窃取各类敏感信息的过程。攻击者主要凭借社会网络提供的各项查询功能,或在不同的社会网络中进行各种精确的、模糊的查询,通过对查询结果集中的数据进行筛选、分析、推理等,进而获取目标个体的相关敏感信息以实现隐私攻击。以下针对具体的攻击方式进行分类总结,并归纳了相关的研究工作。

基于描述性属性的查询攻击。节点属性描述社会中每个人的真实信息,具体可以分为两类:标识属性,如年龄、性别、出生地、工作等;敏感属性,如工资、疾病等,该属性涉及个人隐私。即使所发布的数据隐匿了身份标识,标识属性作为背景知识能与其他相关数据信息相链接匹配,经过推演仍然可以识别出节点的真实身份。因此,关系数据库中的几种隐私攻击方式在社会网络中也普遍存在。记录链接攻击是数据发布中常见的、最为简单的一种攻击方式,如图 1.4 所示,匿名的医疗数据与可访问的外部数据通过共有属性进行联合查询时,攻击者就可以确定患者身份信息,进而准确定位攻击目标。属性链接攻击是指数据集中的标识属性经过泛化操作之后,形成各个等价类中的敏感属性值没有足够的多样性,即各组内绝大部分记录具有相同的敏感属性值,则攻击者不需要识别目标就能以较高的概率推测出相关的敏感信息。倾斜攻击是指当数据集中敏感属性的总分布倾斜时,即记录的整体分布是偏态的,即使 l–多样性也不能阻止属性链接攻击。

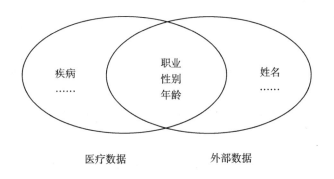

图 1.4　记录链接攻击示例

文献[13]使用基于链接和分组的分类方式来研究社会网络中的隐私问题,指出攻击者利用朋友关系和分组信息,能够准确地恢复用户个人资料信息并预测用户的隐私属性。文献[14]研究如何通过社会关系推出用户个人信息的问题,提出了一种结合贝叶斯分类与社会关系选择的迭代算法,能够以较高的精度推出大多数用户的个人信息。文献[15]使用贝叶斯网络模拟社会网络中人与人之间的因果关系,指出当人们之间存在强连接时,个人属性信息可以被准确地推断出来。因此,在发布社会网络数据时应注意防范由节点之间的相互关系而导致的敏感属性信息泄露。文献[16]提出了一个社会网络中个性化隐私保护的框架,文中基于标识属性逐渐增加背景知识,并以此定义了三级保护要求,该框架结合标签泛化保护与结构保护技术来满足不同用户的保护要求。文献[17]提出了一套用于匿名社会网络数据的技术,基于实体分类方式以屏蔽实体与网络中节点之间的映射,当形成这些类时依赖于一个关键的安全条件以防止从交互作用中推理信息,该技术允许对丰富的数据进行精确查询,同时保证对特定类型攻击的恢复能力。文献[18]采用节点 k - 匿名的方法来保护节点的敏感属性值,考虑到社会网络中个体之间的关系增加了隐私泄露的风险,提出一种贪婪算法并且引入一种结构信息损失度量,用来量化在匿名过程中由泛化导致的信息损失量。

　　基于结构属性的再识别攻击。在社会网络中,攻击者能够基于图结构相关的背景知识对攻击目标的位置进行匹配识别。图结构信息包括节点的邻域、子图、图查询等,如若攻击者获取某唯一性图结构信息,就可以准确地或者以很大的概率推测和定位目标节点在社会网络中的位置。例如,分析图 1.3 中各个节点的 1 - 邻域,即由该节点的直接邻居节点组成的子图。节点 A、C、G 的 1 - 邻域具有唯一性,如若攻击者掌握其朋友与朋友之间的关系,则可以在图中识别出该节点。而节点 B 与 D、节点 E 与 F 的 1 - 邻域相同,即使攻击者掌握其朋友与朋友之间的关系,推测出该节点的概率也仅为 50%。在这种情况下,为了获取目标的隐私信息,攻击者通常会收集与目标相关的社会关系,即通过目标的邻域进行攻击。

　　文献[21]描述了一类主动攻击的方法,在社会网络数据发布之前,攻击者蓄意嵌入一个可以被唯一识别的子图,并建立与目标节点之间的连接关系。社会网络数据发布后,攻击者采用子图匹配技术先识别出所嵌入的子图,进而基于连接关系识别出目标节点,获取相关隐私信息。文中同时给出了关于唯一性子图的设计方法,理论上 n 个节点的社会网络中可构造出 $O\sqrt{\lg n}$ 个节点,就可以较高的概率威胁到任意目标节点的隐私信息。实验结果表明,在一个包含440 万个节点和 7700 万条边的社会网络之中,攻击者通过嵌入一个含有 7 个节点的构造子图,就可以平均识别出社会网络中 70 个目标节点和 2400 条边的连接信息。在这种情况下,攻击者借助于子图的特殊连接模式作为标识来进行隐私攻击。文中定义了三种查询来模拟攻击者可获取的结构知识,并量化在匿名网络中隐私攻击的成功度。节点细化查询,对于任意节点 x 返回一组递归查询,$H_i(x) = \{H_{i-1}(z_1), H_{i-1}(z_2), \cdots, H_{i-1}(z_m)\}$,其中,$z_1, \cdots, z_m$ 是节点 x 的直接邻居节点。$H_0(x)$ 返回节点 x 的属性,$H_1(x)$ 返回节点 x 的度,$H_2(x)$ 返回节点 x 的直接邻居节点的度序列,以此类推。如果节点 u 和 v 在查询 H_i 中的结果一致,则称两个节点在此查询中是等价的,即同属于一个等价类。显然,如若在查询中某个等价类中只有一个节点,则可以概率 100% 进行节点再识别攻击。子图查询返回目标节点的部分邻域子图,并且可以指定其中含有的边数。中心指纹查询返回目标节点与网络中多个 HUB 中心节点的连接情况。文献[23]~[25] 中提供的隐私保护技术,可以防御任意潜在的结构知识背景下进行的再识别攻击。

预测与概率攻击。在社会网络中两个节点之间的边代表着某种关系,一些特殊的关系即是敏感信息。各种关系之间并不是相互独立的,而是具有相关性的,简单地删除两个目标节点之间的敏感边,并不足以保护隐私信息。攻击者可通过背景知识推测两个目标节点之间是否具有敏感边,即可以预测社会网络中的两个指定节点是否具有某种关系。文献[26]采用 Noisy - OR 概率模型预测目标节点间具有敏感关系的概率,从而可以还原那些可能被删除的敏感边。文献[28]在真实社会网络数据集上,对连接推演技术的预测能力进行评估测试,实验结果表明,攻击者可以高概率推演出目标节点之间是否存在连接关系。此外,在社会网络中,用户通常会加入某些兴趣组或参与某些社会活动。文献[29]展示攻击者利用所属组的成员关系判断识别个体,致使隐私信息被窃取。概率攻击模型关注攻击者访问发布数据后,如何改变目标敏感信息的概率信度。针对这种攻击的隐私保护目标,主要是确保数据发布前后置信度的差异很小,即先验概率与后验概率之间的差值很小。这组隐私保护模型主要有 (c,t) - 孤立模型、ε - 差分隐私、(d,γ) - 隐私模型、分布隐私等。

1.2.2　支持向量机

支持向量机是机器学习中一种高效的分类方法,最初的设计目标是为了解决二分类问题,可以通过解决二次优化问题来找到一个能区分两类实例的具有最大分类间隔的超平面,目前已经扩展到解决多分类问题。最大分类间隔是指最近的数据点与分类超平面上任意点之间的最短距离。训练一个支持向量机是通过解决式(1-1)所示的二次优化问题,来生成最终的分类模型或决策函数:

$$\min f(\alpha) = \frac{1}{2}\alpha^{\mathrm{T}}Q\alpha - e^{\mathrm{T}}\alpha \tag{1-1}$$

服从于

$$0 \leqslant \alpha_i \leqslant C, i = 1, \cdots, l, y^{\mathrm{T}}\alpha = 0$$

在式(1-1)中,Q 为对称的核矩阵,且 $Q_{ij} = y_i y_j k(x_i, x_j)$,$K$ 为核函数,x 为训练数据,y 为训练数据的分类标签;α 为对偶变量,e 为单位向量。上式的二次优化问题可以通过序列最小优化(sequential minimal optimization,SMO)算法进行高效的求解。经过一系列优化过程,可以得到支持向量机分类模型,如式(1-2)所示:

$$f(x) = \sum_{i=1}^{n} \alpha_i^* y_i K(x_i, x) + b^* \tag{1-2}$$

由式(1-2)可知,支持向量机分类模型由优化后的对偶变量 α、核函数 K、训练数据及其分类标签,以及常量 b 组成。当训练支持向量机采用线性核时,可以得到线性支持向量机分类模型的另一种表示形式,如式(1-3)所示:

$$f(x) = \sum_{i=1}^{n} \alpha_i^* y_i x_i \cdot x + b^* \tag{1-3}$$

线性支持向量机分类模型可以先计算训练数据的权重和,然后再进行分类预测,与核支持向量机相比,对隐私保护程度的要求稍弱一些。

在支持向量机分类模型中,并不是所有的训练数据都要参与最终的分类决策,只有那些位于分类边界上的训练数据(也被称为支持向量)决定了最大分类间隔,其对应的对偶变量为非零值,而非支持向量对应的对偶变量为零,不会对分类模型产生任何影响。在支持向量机中,支持向量及其分类标签是分类模型的重要组成部分,也决定了最大分类间隔和决策函数,而这些支持向量都是来自原始数据的完整实例。因此,需要在发布支持向量机分类模型的同时,保护训练数据包含的隐私信息。

1.2.3　差分隐私

差分隐私(differential privacy,DP)是目前为敏感数据分析提供隐私保护的重要方法之一,具有坚实的理论基础和数学上严格的隐私定义,可以为个人提供可证明的隐私保证。自 2006 年 Dwork 等人的一系列研究工作提出以来,差分隐私已经被看成是隐私保护研究方面的公认标准而获得了广泛应用。与基于数据匿名化的隐私保护方法如 k - anonymity、l - diversity、t - closeness 等的不同之处在于,差分隐私通过添加满足特定分布的随机噪声或以一定的概率机制选择输出结果来实现隐私保护,同时不需要假设攻击者所具有的任何背景知识。差分隐私可以保证攻击者在很大概率上无法推断出某个个体是否存在于数据库中,或者是否参与了特定的数据分析任务,相当于忽略了单个个体对数据分析结果的影响。下面给出差分隐私的正式定义:

定义 1.1[(ε,δ)-差分隐私]　假设存在一个随机化的机制 M,对于任意两个相邻数据集 D 和 D' 仅相差一条记录,并且对于机制 M 所有可能输出的子集 $O \subseteq \mathrm{range}(M)$,如果机制 M 满足:

$$\Pr[M(D) \in O] \leqslant \exp(\varepsilon) \times \Pr[M(D') \in O] + \delta \qquad (1-4)$$

则机制 M 保证 (ε, δ) - 差分隐私。

在式(1-4)中,ε 和 δ 均是很小的正实数,ε 表示隐私预算。当 δ 为 0 时,机制 M 保证 ε - 差分隐私。ε - 差分隐私被称为严格差分隐私或纯差分隐私,而 (ε, δ) - 差分隐私被称为近似差分隐私,允许以很小的概率违反 ε - 差分隐私,相当于至少以 $1 - \delta$ 的概率保证 ε - 差分隐私。

根据是否存在可信任的第三方数据收集者,差分隐私可以分为中心化差分隐私和本地化差分隐私。其中,中心化差分隐私假设存在可信任的第三方数据收集者,不考虑数据收集过程中由数据收集者带来的隐私泄露问题;而本地化差分隐私不需要对此进行假设,而是由数据提供者在将数据发送给服务提供方之前对自身数据进行扰动。在没有特别强调时,本书中的差分隐私一般指中心化差分隐私。本地化差分隐私的正式定义如下:

定义 1.2[(ε, δ) - 本地化差分隐私]　假设存在一个随机化的机制 M,对于任意两个相邻输入值 x 和 x',并且对于机制 M 所有可能输出的子集 $y \subseteq$ range(M),如果机制 M 满足:

$$\Pr[M(x) \in y] \leqslant \exp(\varepsilon) \times \Pr[M(x') \in y] + \delta \qquad (1-5)$$

则机制 M 保证(ε, δ) - 本地化差分隐私。

类似于中心化差分隐私,当 δ 为 0 时,机制 M 保证 ε - 本地化差分隐私,被称为严格本地化差分隐私或纯本地化差分隐私,而(ε, δ) - 本地化差分隐私被称为近似本地化差分隐私。中心化差分隐私定义在相差一条记录的邻居数据集上,而本地化差分隐私定义在两条不同的记录上。

差分隐私是一种基于数据扰动的隐私保护方法,通过引入随机性来达到隐私保护的目的,常用的差分隐私实现机制有以下四种:随机响应机制、拉普拉斯机制、高斯机制和指数机制,其中随机响应机制用于实现本地化差分隐私,其他机制用于实现中心化差分隐私。如果数据为数值型,通常采用拉普拉斯机制或高斯机制,对得到的数据结果分别添加满足拉普拉斯分布或高斯分布的随机噪声来实现差分隐私。如果数据为非数值型,通常采用指数机制或随机响应机制,通过以一定概率返回可能输出结果的方式来实现差分隐私。指数机制还需要设计一个打分函数,对每一种可能的输出结果进行评分并转化为输出结果被选择的概率。在给出差分隐私实现机制的正式定义之前,需要先定义敏感度的概念,敏感度决定了需要添加随机扰动的量。

定义 1.3(敏感度) 给定一个查询函数 $f: D \to R^d$,以及邻居数据集 D 和 D',函数 f 的敏感度 S_1 和 S_2 分别定义为:

$$S_1 = \max_{D,D'} \| f(D) - f(D') \|_1 \qquad (1-6)$$

$$S_2 = \max_{D,D'} \| f(D) - f(D') \|_2 \qquad (1-7)$$

其中,S_1 敏感度对应 ℓ_1 范数,通常用于拉普拉斯机制;S_2 敏感度对应 ℓ_2 范数,通常用于高斯机制。

定义 1.4(拉普拉斯机制) 对于数值函数 $f: D \to R^d$,满足式(1-8)的随机机制 M 保证 ε - 差分隐私。

$$M(D) = f(D) + \mathrm{Lap}\left(\frac{\Delta f}{\varepsilon}\right)^d \qquad (1-8)$$

其中,Δf 表示函数的敏感度,设置 $b = \Delta f / \varepsilon$,$\mathrm{Lap}(b)$ 表示从尺度为 b 的拉普拉斯分布中随机采样。拉普拉斯机制通过为真实的算法输出结果添加满足拉普拉斯分布的随机噪声来保证 ε - 差分隐私。

定义 1.5(高斯机制) 对于数值函数 $f:D \to R^d$,满足式(1-9)的随机机制 M 保证 (ε, δ) - 差分隐私。

$$M(D) = f(D) + N(0,\beta^2)^d \qquad (1-9)$$

其中,$\beta = \Delta f \sqrt{2\ln(1.25/\delta)}/\varepsilon$, $N(0,\beta^2)$ 表示从均值为 0、标准差为 β 的高斯分布中随机采样。高斯机制通过为真实的算法输出结果添加满足高斯分布的随机噪声来保证 (ε, δ) - 差分隐私。

拉普拉斯机制与高斯机制适用于数值型数据,对算法输出的真实结果添加满足特定分布的随机噪声,但在相同概率的情况下,拉普拉斯机制引入的随机噪声值更小,结果更贴近真实答案。两者的概率分布如图 1.5 所示。其中,敏感度 Δf 和隐私预算 ε 均设置为 1,δ 为 0.01。

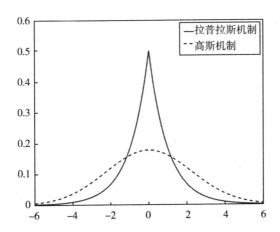

图 1.5 拉普拉斯机制与高斯机制的概率分布

定义 1.6(指数机制) 设 $q(D, r)$ 是数据集 D 上的一个打分函数,用来评估算法输出结果 $r \in R$ 的质量,满足式(1-10)的随机机制 M 保证 ε - 差分隐私。

$$M(D) = \left[\text{return } r \propto \exp\left(\frac{\varepsilon q(D,r)}{2\Delta q}\right) \right] \qquad (1-10)$$

其中,Δq 表示函数的敏感度。指数机制通过以一定概率返回可能的输出

结果保证 ε - 差分隐私。

在差分隐私保护方法中,隐私预算是一个重要的参数,通常取比较小的值 0.01、0.1、ln2、1、ln3 等。差分隐私既可以使用隐私预算衡量隐私保护的程度,又可以通过调节隐私预算的值来平衡隐私保护程度和算法的可用性。隐私预算越小,隐私保护程度越高,算法的可用性越低,反之亦然。当隐私预算耗尽时,差分隐私也就失去了保护作用。为了提高隐私预算的使用效益,在差分隐私保护方法中一般采用以下两种组合理论:序列组合性和并行组合性。

定理 1.1(序列组合性) 设有一组随机机制 $M = \{M_1, M_2, \cdots, M_i, \cdots, M_n\}$ 在数据集 D 上按顺序执行,且每个机制 $M_i(D)$ 保证 ε_i - 差分隐私,则机制 $M(D)$ 保证 $(\sum_1^n \varepsilon_i)$ - 差分隐私。

定理 1.2(并行组合性) 设有一组随机机制 $M = \{M_1, M_2, \cdots, M_i, \cdots, M_n\}$ 在数据集 D 的不相交子集上分别执行,且每个机制 $M_i(D_i)$ 保证 ε_i - 差分隐私,则机制 $M(D)$ 保证 $(\max\{\varepsilon_1, \cdots, \varepsilon_n\})$ - 差分隐私。

1.3 国内外研究现状

随着大数据时代的到来,人们对隐私保护的要求越来越高,希望在提供数据获得更好的服务体验的同时,不泄露个人的隐私信息。基于匿名等技术的隐私保护方法容易受到背景知识攻击,差分隐私保护方法应运而生,最初设计的目标是对统计数据库进行查询时,尽量减少识别具体数据记录的机会,同时最大化数据查询结果的可用性。随着机器学习技术的发展和差分隐私保护方法研究的不断深入,如何在应用机器学习技术分析数据的同时保护数据中包含的个人隐私信息获得了研究人员越来越多的关注,并取得了许多研究成果。本节概述了差分隐私保护方法在数据发布和机器学习两个主要方面的研究现状,对部分相关研究工作进行综述,重点描述了面向社会网络和支持向量机的差分隐私方法的研究现状,并指出了现有方法存在的不足。

1.3.1 面向数据发布的差分隐私保护方法

数据发布是信息时代共享数据的主要方式,将数据集或数据查询结果直接提供给用户,当数据中包含个人敏感信息时,会给个人隐私带来威胁。数据发布存在的隐私泄露问题受到越来越多研究者的关注。在数据发布中应用差分隐私保护方法,可以保证在发布数据统计信息或查询结果时,不泄露个人数据记录中包含的隐私信息,发布方式如图 1.6 所示。本部分概括了差分隐私在数据发布方面的综述文献,并分别从直方图发布、高维数据发布、网络数据发布、时序及流数据发布、位置数据发布、轨迹数据发布几个方面介绍了差分隐私保护方法的研究进展,以及在保护可穿戴设备隐私数据上的具体应用。

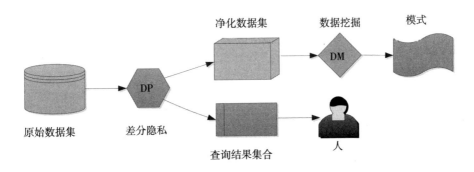

图 1.6　隐私保护的数据发布

Dwork 等人详细介绍了差分隐私理论的基本概念、主要实现机制,以及差分隐私在数据发布中的具体应用。熊平、张啸剑、付钰、叶青青等人分别总结了差分隐私及本地化差分隐私的基本原理、特征及具体应用,并对已有的研究成果进行了综述。Wang 等人阐述了差分隐私相关的基本概念和实现机制,总结了基于直方图、树结构、时间序列、图和频繁模式挖掘等数据发布方法已有的研究成果,指出了现有方法存在的不足和未来的研究方向。Machanavajjhala 等人介绍了差分隐私的算法设计基础,重点描述了基于列表数据的隐私计算方法和差分隐私在复杂类型数据上的实际应用,指出了差分隐私在实际应用时所面临的研究挑战。

Zhu 等人从数据发布和数据分析两个方面总结了差分隐私保护方法的研究进展,将数据发布分为交互式和非交互式两种方式。交互式一般采用一问一答的形式,而非交互式一次性返回所有的查询结果。在交互式数据发布方法中,隐私保护机制在收到用户的查询请求后,返回一个含有噪声的查询结果,通过这种方式来保护数据中包含的隐私信息,如何合理地分配隐私预算满足不断接收的查询对隐私保护的要求是一个值得深入研究的问题。按照输入数据类型的不同,交互式数据发布方法可以分为事务数据发布、直方图发布、流数据发布和图数据发布等。在非交互式数据发布方法中,由于各个查询之间存在一定的相关性,如何度量查询的敏感度也是一个挑战,已有的解决方案是通过批量查询发布及合成数据发布两种数据发布方法来解决。Yang 等人从平衡隐私保护水平和数据发布结果可用性的角度,回顾了现有的差分隐私保护方法,并按照提高数据发布结果的可用性所采用的隐私保护机制,将已有研究方案分为分布式优化、敏感度校准、变换、分解以及相关性利用等几个类别,同时聚焦如何改进数据的可用性,对已有差分隐私保护方法的相关概念和基本原则进行了分析和比较。

Xiong 等人总结了本地化差分隐私在大数据分析时保护参与者个人隐私方面的研究进展,概述了本地化差分隐私的基本概念和知识框架,详细介绍了常用的隐私保护机制和方法,以及本地化差分隐私在概率估计、均值估计、复杂统计估计、统计学习推理、统计数据分析等领域的应用。Wang 等人指出本地化差分隐私可以在客户端保护参与者个人的隐私信息,相比于传统的差分隐私保护方法,其具有明显的优势,系统介绍了本地化差分隐私的隐私模型、研究任务、隐私机制,并从频率估计、均值估计及机器学习的角度比较了用于各种数据统计和分析任务的不同隐私机制,最后总结了本地化差分隐私的具体应用场景。

(1)直方图发布

Xu 等人研究了发布直方图结构带来的隐私泄露问题,提出了两种满足差分隐私的新机制 NoiseFirst 和 StructureFirst。这两种机制的主要区别在于计算直方图结构和注入随机噪声的先后顺序不同,NoiseFirst 机制是在计算直方图结构之前注入随机噪声,而 StructureFirst 机制是在计算直方图结构之后注入随机噪声。按照最小化均方误差和平均绝对误差的目标,为两种机制设计了计算直方图结构的优化算法,同时将两种机制扩展到可以回答任意范围查询。Han 等人指出直方图重构是提高所发布的直方图准确性的一种有效方法,但如果忽略了原始直方图中存在的异常值问题会显著地增大重构误差。针对存在的异常值问题,提出了一种满足差分隐私的异常值直方图发布方法。该方法首先使用全局排序降低可选分布的度来处理原始直方图的计数序列,这样可以消除重构过程中异常值的影响。然后利用指数机制选择最相似的相邻桶进行合并,同时利用拉普拉斯机制扰动计数序列,避免了直方图重构过程中的隐私泄露。张啸剑等人指出基于分组的差分隐私直方图发布方法不能兼顾近似误差与拉普拉斯误差,提出了一种满足差分隐私的精确直方图发布方法,利用 MCMC 方法和指数机制对桶计数排序,并通过不断置换 2 个随机选取的桶以逐渐逼近正确排序。同时针对差分隐私直方图发布方法在处理流数据时可用性较低的问题,提出了一种基于滑动窗分割的流式直方图发布方法。

Li 等人指出对分组后的直方图添加随机噪声可以带来更少的误差,现有研究方法并未考虑分组和添加随机噪声的隐私预算分配对直方图可用性的影响。另外,研究了如何提高获得更优分组的概率来减少直方图发布的总体误差,从而提高发布直方图的可用性。获得更优分组的概率主要受分组时隐私预算的分配方案和选择分组的可用性函数两个因素的影响,提出了一种新的满足差分隐私的迭代直方图划分方案,在分组阶段和添加随机噪声阶段设计了更合理的隐私预算分配方案。该方法在相同的隐私预算条件下,发布的直方图可用性更好,并可以扩展到多维直方图发布。Sun 等人指出以直方图的形式发布节点的度信息可以提供关于图的有用信息,在满足节点差分隐私的情况下降低敏感度对发布结果的正确性具有重要的作用。已有的研究方法基于最大度的限制,敏感度较高,提出利用均值滤波方法来处理直方图,敏感度会大大降低,并给出了完整的满足节点差分隐私的直方图发布流程。Zheng 等人将本地化差分隐私保护方法应用到直方图发布中,提出了一种高效的分布式环境中差分隐私数值直方图的发布框架,该方法可以有效利用多个查询之间的关联关系,实现资源消耗的优化。

（2）高维数据发布

Zhang 等人提出了一种满足差分隐私的多维数据发布方案,通过对原始多维数据进行非标准小波变换,并加入随机噪声来保护数据中的隐私信息。Xu 等人指出现有的差分隐私保护方法在发布高维数据时,扰动误差和计算复杂度明显增加,提出了一种基于随机投影方法的差分隐私高维数据发布算法,可以在保证隐私要求的同时最大化数据的可用性,而且数据的可用性主要取决于投影维度和随机噪声方差两个因素,该方法在扰动误差和隐私预算方面优于已有的方法。Ren 等人将本地化差分隐私保护方法应用到高维众包数据发布方案中,来保护发布数据的隐私信息,而且提出了一种基于本地化差分隐私的高维联合分布估计算法,并将该算法应用到高维众包数据发布方案中。同时,为了加快学习过程,通过识别多个属性之间的相关性,降低了众包数据的维数,提高了数据利用率。该方法在通信开销和估计速度方面优于已有的方法。Zheng 等人指出物联网在为海量高维数据提供各种应用和服务时,给个人隐私带来了威胁,已有的差分隐私保护方法在处理高维数据时实用性较差、计算复杂度较高,所以提出了一种满足差分隐私的压缩感知框架,可以为线性查询提供更精确的结果。Cheng 等人研究了分布式多方环境中高维数据的发布问题,提出了一种差分隐私顺序更新贝叶斯网络的方法。为了在量化属性的相关性时不引入太多的随机噪声,提出了一种非重叠覆盖设计方法,并利用动态规划方法来确定最优参数。

(3)网络数据发布

Chen 等人研究了网络数据发布的隐私保护问题,指出已有的差分隐私保护方法容易受到数据相关性的影响,其通过引入额外参数度量数据的相关程度,并为非交互式网络数据发布提供了一个整体解决方案。兰丽辉等人研究了权重社会网络的隐私保护较弱的问题,提出一种基于差分隐私的随机扰动方法来保护边和边权重的隐私信息。Lu 等人针对加权网络关系数据的隐私泄露问题,提出了一种基于边相关的网络数据发布差分隐私保护方法来实现隐私和可用性之间的平衡。Zhu 等人针对在线社交网络数据的隐私泄露问题,提出了一种将查询发布问题转化为迭代过程的图更新方法,该方法使用大量的查询作为更新条件,提高了查询结果的准确性。Liu 等人研究了社交网络数据的隐私泄露问题,指出已有的差分隐私保护方法添加的随机噪声影响了社交网络的结构,提出了一个保护社区结构信息的社交网络发布的本地化差分隐私保护模型。

(4)时序及流数据发布

Wang 等人指出差分隐私在保护时间序列数据的隐私时,添加的拉普拉斯随机噪声可以使用过滤等方法从时间序列中被剔除,降低了隐私保护的程度。其提出了一种基于差分隐私的时间序列数据发布方案,引入序列不可区分性,并利用四个高斯白噪声序列线性组合代替单独的拉普拉斯机制。该方案在安全性和平均绝对误差方面优于已有的差分隐私机制。Wang 等人研究了流数据发布的隐私泄露问题,指出随着要发布流数据的不断增加,隐私预算的消耗不断增加,因此降低了数据的可用性,并提出了一种基于简单随机抽样的拉普拉斯机制来保护发布流数据的隐私,生成了一个有限长度的拉普拉斯序列,当有数据更新时,随机地简化拉普拉斯序列中的噪声,添加到更新数据中。Cao 等人研究了在数据存在时间相关性的情况下,传统差分隐私机制存在的隐私损失问题,并针对该问题设计了有效的算法,提出了满足差分隐私的数据发布机制。

（5）位置数据发布

Xiong 等人指出位置数据面临的隐私泄露问题,提出了一种基于差分隐私的位置数据随机发布算法来保护用户身份和敏感信息。该算法可以隐藏每个用户的确切位置,以及用户在给定的隐私预算下访问这些位置的频率。Zhao 等人指出位置记录数据的收集会给个人隐私带来威胁,应用本地化差分隐私保护方法提出了一种概率自顶向下的分区算法,有效发布隐私的位置记录数据。该方法设计了一个分区树模型来提取位置记录的基本信息,同时采用了一种新的自适应用户分配方案和一系列优化技术来提高发布数据的准确性。Wang 等人指出基于位置的服务威胁着个人的位置隐私,已有的差分隐私保护方法忽略了数据中存在的误差信息,导致偏离特定的不可区分性。为了降低数据中的误差信息对不可区分性的影响,设计了一个等效的差分隐私实现机制,并分析了该方法的隐私性和实用性。Yan 等人指出传统的数据发布方法不能满足大数据的动态查询需求和查询精度,发布数据的质量也不能反映大数据动态变化的特征。其提出了一种基于自适应采样机制的位置大数据发布方法,可以及时反映数据的动态变化,同时为了保证发布数据的隐私性,提出了一种启发式四叉树划分方法及相应的隐私预算分配策略。

郑孝遥等人指出传统的推荐系统与基于位置的推荐服务适应性不强,存在隐私泄露的风险,提出一种分布式隐私保护推荐框架及基于该框架的奇异值分解推荐算法,保护用户请求的位置。李洪涛等人指出连续使用基于位置的服务会泄露个人隐私,并提出一种差分隐私的位置保护机制,通过对敏感路段划分隐私级别,在分配隐私预算的同时添加随机噪声,来保护位置数据的隐私。Zhang 等人指出基于位置的服务存在的隐私泄露问题,提出了一种基于差分隐私的移动数据集发布的概率机制,该机制采用概率结构计算出不同区域的用户数量,并加入拉普拉斯随机噪声进行扰动。Kim 等人研究基于位置的服务带来的隐私泄露问题,描述了差分隐私的基本概念,以及用于保护位置隐私信息的三个变体:地理不可区分性、隐私空间分解和本地化差分隐私,并探讨了差分隐私在位置数据收集、处理和发布场景中保护隐私信息的适用性。

(6)轨迹数据发布

Li 等人指出轨迹数据中存在的隐私泄露问题,提出了一种新的差分隐私轨迹数据发布算法,包含有界噪声产生算法和轨迹合并算法。Zhao 等人指出直接发布基于位置的服务收集的用户轨迹数据,将会导致用户的个人隐私被泄露,而且轨迹数据在时空上具有连续性,已有的差分隐私保护方法一般只考虑某一时刻单一的位置信息,这在一定程度上破坏了轨迹数据的时空完整性。其提出了一种满足差分隐私的序列 R – 树结构,并用轨迹序列代替 R – 树的最小边界矩形来构造序列 R – 树,同时可以处理添加噪声后的数据不一致问题。Qu 等人指出用户之间轨迹信息的相关性对应潜在的社会关系,直接发布相关轨迹信息将会泄露敏感的社会关系,其提出了一个满足差分隐私的拉普拉斯框架,定义了一个轨迹相关性分值来衡量两个用户之间的社会关系,可以有效防止通过两个用户轨迹之间的相关性进行社会关系推理。田丰等人指出已有的差分隐私轨迹数据发布方法假设用户具有相同的隐私偏好,提供的隐私保护程度也相同,不能满足用户的个性化需求,其提出了一种面向轨迹数据的个性化差分隐私发布机制,可以获得更好的数据可用性。吴万青等人指出基于位置服务的软件中包含个人隐私信息,其提出一种基于噪声前缀树结构的轨迹数据发布方法,通过构建轨迹等价类、划分轨迹位置点、聚合区域中心等几个步骤产生新轨迹,然后用新轨迹构造前缀树,并对树中节点数据添加随机噪声。

Saifuzzaman 等人指出可穿戴设备产生的个人健康数据存在隐私泄露问题,总结了应用差分隐私保护方法发布可穿戴设备数据的研究进展,并提出已有解决方案的局限性和未来的研究方向。

1.3.2　面向机器学习的差分隐私保护方法

随着数字时代的到来,机器学习在从大数据中提取和分析有用信息方面发挥了越来越重要的作用,当数据中包含个人敏感信息时,直接应用传统的机器学习方法发布的决策模型将会给个人隐私带来威胁。机器学习方法存在的隐私泄露问题受到数据提供者和研究人员的广泛关注。在机器学习的各阶段应用差分隐私保护方法,可以保护数据中包含的个人隐私信息。本部分概括了差分隐私在机器学习研究方面的最新进展,并分别从分类、回归、聚类、降维四个方面的具体应用进行描述。

Gong 等人指出了机器学习模型中存在个人隐私泄露的风险,总结了面向机器学习的差分隐私保护方法最新的研究成果,将差分隐私实现机制分为两大类:一类是利用拉普拉斯机制、高斯机制或指数机制,在非隐私学习模型中引入随机噪声;另一类是利用输出或目标扰动机制,在函数输出结果或目标函数中引入随机噪声。特别讨论了面向深度学习的差分隐私保护方法,同时提出了当前研究面临的挑战,如模型可用性、隐私保护水平和实际应用等,并指出了进一步的研究方向。Farokhi 等人研究了使用位置分散的服务器上的隐私数据来训练机器学习模型,提出一种协作训练机器学习模型的差分隐私异步算法,中心学习者与数据提供方进行一对一的交互,而不需要聚合查询响应来构建整个适应度函数的梯度,算法可以有效地扩展到多数据提供方,并证明了隐私成本上界与训练数据集的平方 + 隐私预算的平方成反比。

(1)分类

Zhang 等人研究了经验风险最小化机器学习方法带来的个人隐私泄露问题,在对分类算法去中心化的基础上,提出对偶变量扰动和原始变量扰动两种方法实现动态差分隐私保护,同时提供了隐私参数选择的优化方案。Su 等人指出常用的分类算法都是基于迭代的,在多个按顺序组成的步骤中选择局部最优及隐私预算分配都不是最好的方案,其提出一种新的基于差分隐私的分类方法,利用指数机制在单个步骤中对数据域进行划分,提高了分类的正确性,同时支持多分类。Huang 等人提出了一种有效的差分隐私逻辑分类机制,其在运行时间和分类正确性方面均优于目标函数扰动机制。Li 等人指出在训练机器学习分类模型时,训练数据中包含的个人敏感信息将给个人隐私带来威胁,并提出了一种基于差分隐私的集成分类学习算法,对多个基分类器按照一定原则赋予相应的权重,通过加权表决的方式得到最终的分类结果,可以防止分类过程中的隐私泄露,同时降低了随机噪声对预测正确性的影响。

Zhang 等人指出在决策树分类中存在通过猜测树型数据的未知敏感节点获取个人隐私信息的问题,并提出了一种基于差分隐私保护机制的决策树分类构建模型,利用拉普拉斯机制和指数机制添加随机噪声,为用户提供了安全的数据访问接口。同时设计了敏感度较低的质量函数,通过改进隐私预算的分配方案,可以有效抵御基于背景知识的攻击。Liu 等人指出在差分隐私的决策树分类方法中,对信息增益和基尼系数等度量指标的计算具有查询密集型的特点,会添加更多的随机噪声,并提出了一种基于噪声最大化投票的隐私决策树算法及高效的隐私预算分配策略,构建决策树集成模型来提高分类结果的正确性。Fletcher 等人总结了面向决策树分类的差分隐私保护方法,研究了差分隐私与构成决策树的每个组件之间的相互作用,重点分析了贪婪决策树和随机决策树算法,以及如何平衡隐私保护与决策树分类正确性之间的矛盾。Sun 等人研究了面向医学数据的机器学习方法导致个人隐私泄露的问题,提出了两种方法:一种是结合差分隐私的决策树方法,利用分类回归树计算的权重作为隐私保护的一部分,降低了差分隐私的随机噪声对数据可用性的影响;另一种是满足差分隐私的批量梯度下降算法,保护训练数据的隐私信息。经前者处理过的数据还可以作为后者的训练数据,进一步加强了对数据的隐私保护。Guan 等人指出构建决策树的过程可能会导致个人隐私泄露,提出了一个高效的差分隐私贪婪决策树算法,设计了一种新的隐私预算分配策略,允许节点在构建决策树的过程中深度越大,获得的隐私预算也越多,缓解了子节点引入过多噪声的问题。

Gursoy 等人指出直接将差分隐私保护方法应用到 k - 近邻分类算法中导致分类正确性较低的问题,设计了一种半径近邻分类器,提出了将 k - 近邻分类器转换为半径近邻分类器的具体算法,提高了分类结果的正确性。Xue 等人指出差分隐私朴素贝叶斯分类器要求可信的数据收集者,或包含分类标签,为弥补已有方案的不足,设计了一种基于本地化差分隐私的联合分布估计方法,提出在本地环境中训练满足差分隐私要求的朴素贝叶斯分类器。

(2)回归

Fang 等人指出现有的回归分析方法由于噪声添加量过大,效果并不理想,且容易遭受模型反演攻击,泄露数据中个人隐私信息,并提出了一个差分隐私预算分配方案,通过调整目标函数的隐私预算分配,对回归模型进行了优化。Gong 等人指出已有的差分隐私回归模型加入的噪声量具有不确定性,回归模型的正确性较低,提出了一种新的基于相关性的差分隐私回归分析模型框架,将目标函数转换为多项式形式,并根据输入特征与模型输出的相关性大小对多项式系数进行扰动。Ficek 等人指出回归在临床和流行病学研究建模中获得了广泛应用,对差分隐私回归分析已有研究成果进行了综述,强调了用于统计推理的相关技术及在临床和流行病学研究实践中的应用。Wang 等人研究了本地化差分隐私模型下的稀疏线性回归问题,提出了两个算法:一个是针对低维稀疏情况的顺序交互隐私算法,利用本地化差分隐私计算迭代硬阈值,实现了一个接近最优的上界;另一个用于高维受限情况,只需要保护标签的隐私。Pan 等人指出机器学习模型存在隐私泄露风险,已有的差分隐私回归模型缺乏隐私预算的动态分配方法,影响隐私保护和模型性能之间的平衡,并提出了一种自适应差分隐私回归模型,利用基于相关性的噪声添加机制动态分配隐私预算,即当输入特征对模型输出贡献较大时,对目标函数添加较少的噪声,反之亦然,对模型提供隐私保护的同时,不牺牲模型的可用性。朱素霞等人研究了本地化差分隐私对连续型数据的均值估计,提出了一种差分隐私分类变换扰动机制。该机制将数据分段并转化为二元分类数据,利用随机响应机制选择转化后的数据进行均值估计,提高了结果的准确性,并成功应用于线性回归任务,获得更小的均方误差。

(3)聚类

Zhao 等人针对现有轨迹隐私保护模型的数据可用性差、难以抵御复杂隐私攻击的问题,提出了一种基于差分隐私聚类的轨迹隐私保护方法。该方法首先在轨迹位置计数中加入拉普拉斯噪声,然后在轨迹位置数据中加入半径约束拉普拉斯噪声,根据含有噪声的位置数据和计数,得到隐私的聚类中心。该算法既能有效保护轨迹数据的隐私信息,又能保证聚类分析中数据的可用性。Zhang 等人指出模糊 c 均值聚类算法在聚类过程中存在用户隐私信息泄露的风险,差分隐私可以保护用户的隐私信息,但对数据的扰动会降低模型的可用性,采用随机初始化隶属度矩阵的方法也会降低算法的正确性,其提出一种新的隐私聚类算法,采用最大距离法确定初始聚类中心,利用聚类中心的高斯值计算隐私预算分配比例,最后添加拉普拉斯随机噪声,在相同隐私保护程度下,该算法产生的聚类模型可用性更好。Ni 等人指出已有的差分隐私 k – means 聚类算法通常在每次迭代时向聚类中心添加等量的噪声,并提出了一种新的差分隐私 k – means 聚类算法,通过添加自适应噪声及合并群组,显著提高了聚类的有效性。Lu 等人指出迭代聚类容易受到背景知识的推理攻击,已有的方法通过差分隐私机制扰动聚类中心,但不能保证在有限迭代次数内收敛,影响了聚类质量和执行效率。其提出了一种将差分隐私注入实际聚类中心的新方法,保留上次迭代产生的噪声聚类中心,为当前迭代的每个群组计算一个收敛区域,并在该区域中注入随机噪声,然后通过两种策略控制每个聚类中心的运动方向。Yuan 等人指出 k – prototypes 方法在混合数据聚类过程中会导致用户隐私泄露的风险,提出了一种满足本地化差分隐私的 k – prototypes 机制,利用本地化差分隐私扰动用户数据后完成聚类,同时提出了一种隐私保护增强机制,每次迭代时扰动用户的聚类信息,保证了用户的隐私信息和聚类质量。

(4)降维

Zhang 等人指出现有的差分隐私机器学习算法没有考虑数据相关性的影响,在实际应用中可能会导致比预期更多的隐私泄露,提出了一种基于差分隐私特征选择的相关性约简方案,既缓解了数据相关性的影响,又可以解决学习过程中数据相关性的隐私问题。He 等人指出差分隐私在进行高维聚合数据查询时,将引入大量的随机噪声,提出了一种基于高维数据集的差分隐私近似聚合查询算法,设计了一种基于 kd – 树采样过程的隐私特征选择方法,并获得代表性实例的低维数据集,同时考虑隐私预算和可用性之间的相关性,保证最后的聚合满足正确性的要求。

1.3.3　面向社会网络的隐私保护方法

社会网络数据发布中的隐私保护面临更多的威胁,同时更具挑战性,社会网络的隐私保护主要采用 k – 匿名、数据扰动和数据加密等隐私保护思想。由于社会网络数据自身的特性,其相比于关系数据库存在着诸多差异,比如更加复杂且难以模拟的背景知识,更加灵活多样的攻击方式,个体间存在着关联关系等,所以这些经典隐私保护模型无法直接移植到社会网络中。因此,亟待研究适合于社会网络数据的隐私保护算法,提出多样化的社会网络隐私保护模型,以最大限度地解决数据可用性与隐私保护之间的矛盾。

(1)k – 匿名方法

匿名发布社会网络,最简单的方法就是直接隐匿节点标识,使用随机 ID 进行替换,发布图与原图是同构的。这种简单的匿名发布方式,虽最大化所发布数据的效用,但不足以保护目标个体的隐私信息。如若攻击者掌握有关目标的邻域等背景知识,则可以重新标识该节点并确定所在网络中的位置,进而窃取隐私信息。为了有效抵御结构攻击,社会网络发布可以采用结构泛化来实现隐私保护。所谓结构泛化是指基于 k – 匿名的思想,对发布网络的图结构进行修改、变换、划分等处理,将节点或子图隐匿于同构等价类中,使得攻击者在结合背景知识进行目标识别时,候选集中至少有 k 个节点或子图符合匹配条件,即攻击者重新标识目标的成功概率不会超过 $1/k$。针对不同结构的背景知识,一系列匿名模型被相继提出,具体包括 k – 度匿名、k^2 – 度匿名、k – 邻域匿名、k – 自同构图、k – 同构图、k – 对称图等。

k – 度匿名,是指对于发布网络图中的每一个节点,至少有 $k-1$ 个节点的度与该节点相同。文献[124]采用动态规划方法以确保最小的匿名代价,通过添加最少数量的边构建出 k – 度匿名发布图。k^2 – 度匿名,假设攻击者是以相邻两节点的度作为背景知识,为了抵御这种友谊攻击,需要保证发布网络图中具有相同度的节点对大于或等于 k 个。文献[125]提出一个整数规划公式以在小规模网络中寻找最优解,同时提出一种有效的启发式方法来匿名化大型社会网络。显然,如果某个发布图是满足 k^2 – 度匿名,则一定满足 k – 度匿名。k – 邻域匿名,假设攻击者掌握目标的邻居节点及节点之间的关系,文献[126]中保证对于任意节点的 1 – 邻域,发布网络图中至少有 $k-1$ 个节点与其同构。该匿名方法的基本思想是,首先采用贪心算法提取出每个节点的 1 – 邻域,再匹配与匿名化相似性较大的 1 – 邻域并使其同构,此时主要采用添加伪边、泛化节点标签等操作。

现实中攻击者掌握的背景知识多种多样,为了防范匹配目标子图进行任意形式的结构攻击,根据 k – 匿名思想与图的同构理论可以构建目标子图的同构子图,从而实现隐私保护。简单匿名图如图 1.7(a) 所示。4 – 自同构匿名图如图 1.7(b) 所示,是指图自身包含 4 个同构子图,文献[23]提出一种 k – match 算法可以实现图的自同构。4 – 同构匿名图如图 1.7(c) 所示,是指将一个网络图分割为 4 个相互同构的子图,文献[24]指出增删边的数量取决于图分割策略,并且各个同构子图之间的边会被删除,导致图数据可用性受到影响。

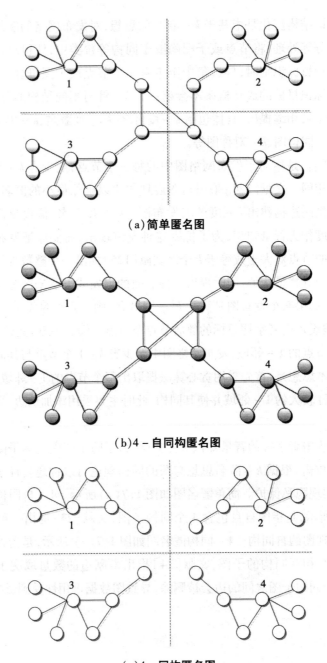

(a)简单匿名图

(b)4 - 自同构匿名图

(c)4 - 同构匿名图

图 1.7　k - 自同构匿名图与 k - 同构匿名图($k=4$)

　　简单匿名图如图 1.8(a) 所示。k - 对称匿名图如图 1.8(b) ~ (c) 所示,是指对于图中的任意节点,在图中至少存在 $k-1$ 个节点与该节点在结构上对称,主要是通过添加伪点和伪边等操作来实现。这种处理方式使得数据安全性更高,但是原图的改动较大、原始数据缺损较多、数据可用性较低。文献[25]提出采样方法,可以从匿名网络中提取原始网络的近似版本,以便评估原始网络的各种统计特性。聚类技术已在数据挖掘领域中广泛应用,也被应用于社会网络数据发布的匿名方法之中,基本思想是首先基于网络中节点或边的属性或者结构特征,将节点或边划分为若干个簇,然后再将每个簇内的节点或边的属性或者结构特征进行泛化生成等价类,从而实现隐私保护。文献[22]提出一种节点聚类方法,将所有节点聚类成为若干个超节点,每个超节点代表一个分区并记录其内部节点及边数,超节点之间的边数等于两个分区内所有节点间的边数之和。针对节点具有属性值的情况,文献[127]提出了一种贪心聚类算法来实现节点 k - 匿名,分别从结构和属性两个方面进行匿名化处理,从而保证了簇内的节点和发布图满足 k - 匿名。由于社会网络中可能存在着敏感边,文献[128]提出了一种边聚类方法来保护敏感边,而对于非敏感边无须任何处理并直接发布。对于采用二分图描述的社会网络,文献[129]提出了一种 (k, l) - 分组匿名方法,并且确定一类安全的分组来保证能够抵抗各种形式的攻击。

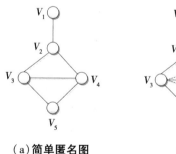

　　(a)简单匿名图　　　　　　 (b) 2 - 对称匿名图

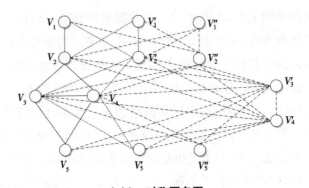

(c)3 – 对称匿名图

图 1.8 k – 对称匿名图

(2)数据扰动方法

　　相比于 k – 匿名思想,数据扰动方法是另一种常见的隐私保护方法。基于聚类的社会网络隐私保护方法,对簇内节点进行了压缩处理,导致网络的局部结构改动较大,破坏了网络的规模。在社会网络数据发布中,数据扰动方法的基本思想是,对网络图进行随机修改或变换,包括节点的添加和删除,边的添加、删除和交换(图 1.9),子图的复制等,使攻击者无法准确推测出原始数据,进而起到隐私保护的作用。例如,基于图 1.9(a),随机添加边 $e(2,4)$、删除边 $e(1,3)$,可得到图 1.9(b);随机交换边 $e(1,2)$ 与边 $e(3,4)$ 的节点 1 和 3 (或 2 和 4),可得到图 1.9(c)。该类方法对网络的局部结构改动较小,并且能够在很大程度上保持发布网络图的完整性。为了实现最小的信息损失并且保证发布数据的最大效用,该类方法往往结合贪心算法、遗传算法、优化算法等,即在启发式算法的支持下进行问题求解。但由于社会网络数据的复杂特性,通用的最优解决方案往往很难实现,这通常会是一个 NP 问题。此外,针对图数据的随机扰动方法无法保证可量化的隐私保护,扰动之后仍然存在隐私泄露的威胁。

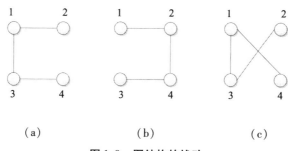

图 1.9　图结构的扰动

传统的数据扰动方法只是针对数值信息添加随机噪声,从而保护原始数据不泄露。数值扰动方法主要应用于社会网络中的边权重隐私保护。文献[130]提出一种基于谱保持的图随机化方法,该方法在扰动网络中的边的同时能够更好地保持网络的特性。图谱的主要参数——特征值,密切关系到网络中许多重要的拓扑特性,文中的扰动算法在执行图修改操作时保持特征值基本不变,从而保证了图谱不变。文献[131]提出一种基于边的图随机化方法来保护敏感的连接,文中对基于相似性度量的预测方法与基于低阶近似的预测方法进行了比较分析。文献[132]提出一种基于随机游走的扰动算法,对社会网络图的结构进行扰动以提供边隐私,该算法轻微降低了图数据的可用性并且能够保持原始图的图论性质。对于社会网络中的隐私保护的连接查询问题,文献[133]采用一种放松的隐私条件,类比于差分隐私定义的一个变体 ε - indistinguishability,提出了一种基于敌对隐私的扰动算法,更有效地降低了误差的范围,即使对于最坏情况下的输入,该算法也能够以可接受的精度来回答此类查询。

1.3.4　面向支持向量机的差分隐私保护方法

支持向量机作为一种高效的分类方法,尤其在解决小样本、非线性数据分类方面具有明显的优势,已广泛应用于图像分类、信号分类以及新药物发现等方面,Kumar 等人归纳了支持向量机的变体,并与已有的机器学习模型进行了比较,Chauhan 等人总结了线性支持向量机的研究进展及算法的改进方案,Nalepa 等人分析了从大型数据集中选择支持向量机训练数据的方法。

由式(1 - 2)和(1 - 3)可知,支持向量机分类模型包含支持向量及其分类标签,而支持向量本质上是原始的训练数据。因此,与其他机器学习方法相比,支持向量机分类模型存在更严重的隐私泄露问题,需要在发布分类模型的同时保护训练数据包含的隐私信息。为使支持向量机获得更广泛的实际应用,越来越多的研究者开始关注隐私支持向量机的研究工作,尤其是结合差分隐私保护方法的支持向量机研究取得了较好的研究成果。

Lin 等人指出了支持向量机分类模型存在的隐私泄露问题,针对采用高斯核函数的支持向量机,提出一种隐私的支持向量机分类器 PPSVC,以无穷级数展开式精确地逼近高斯核支持向量机的决策函数,可以获得与非隐私支持向量机相近的分类正确性而不泄露分类模型中支持向量的敏感属性包含的隐私信息。但不同于基于差分隐私的保护方法,该方法的隐私保护程度无法得到有效证明。

Gong 等人指出输出扰动机制和目标扰动机制是实现差分隐私保护的两种通用方法。其中,输出扰动机制是在机器学习模型的输出中添加一定量的随机噪声来扰动模型的输出;而目标扰动机制是在待优化的目标函数中添加随机噪声来扰动目标函数,达到保护数据中隐私信息的目的。这两种扰动机制已成功应用于包括线性回归、逻辑回归、线性支持向量机以及核支持向量机等以解决经验风险最小化为目标的机器学习任务中。Chaudhuri 等人指出规则化逻辑回归方法的目标函数是连续且可微的,可以直接应用输出扰动机制或目标扰动机制来保护数据的隐私信息,但不适用于标准逻辑回归方法。传统的线性支持向量机使用的 Hinge 损失函数是连续的但不可微,也不能直接应用输出扰动机制和目标扰动机制,可以采取两种解决方案:一种是采用分段损失函数逼近 Hinge 损失函数,另一种是采用 Huber 损失函数替代 Hinge 损失函数。变换后的损失函数可以应用输出扰动机制或目标扰动机制实现差分隐私保护。对核支持向量机采用基于随机投影的近似方法逼近核函数,训练数据被投影到一个随机的特征空间,变换后的数据内积近似等于核特征空间的内积,相当于将非线性分类转化为线性分类,可以应用差分隐私的线性支持向量机保护方法。Rubinstein 等人提出两种特征映射机制,通过对分类模型的输出添加随机噪声,来保护支持向量机分类模型的隐私。这两种机制对包含 Hinge 损失在内的所有凸损失函数都有效,但仅支持转换不变的核函数。同时提出可以将比较隐私的和非隐私的支持向量机分类模型的性能,作为算法可用性的度量标准。

Li 等人指出在对生物医学数据进行分析与共享时,可以利用一小部分开源数据来改善可用性,并提出了一种混合的差分隐私 RBF 核支持向量机模型,利用一小部分开源数据计算傅里叶变换,以避免引入过量的随机噪声。然而,在当今的时代,不能保证各方面的应用都能获得有效的开源数据。Omer 等人针对训练数据中存在缺失或不完整的情况,提出了一种新的隐私保护协议,采用基于链式方程的多重填充法处理缺失数据,在垂直划分数据上构建全局支持向量机分类模型,不泄露训练数据的隐私信息。Liu 等人指出在标签数据有限的情况下,隐私支持向量机的分类正确性往往较低,尤其是在给定的隐私预算很小的情况,并提出一种基于直推式支持向量机的隐私分类算法 LABSAM,通过轮换寻优最小化数据的总体损失构造一个近似正确的标签分配池,并以指数机制随机返回标签赋值。该算法可以在标签数据有限且隐私预算较小的情况下,获得较高的分类性能。以上方法都是针对训练数据存在的特殊情况,不具有通用性。

Zhang 等人指出已有的隐私支持向量机分类正确性较低、通用性不强,提出了一种新的差分隐私支持向量机训练方法 DPSVMDVP。该方法应用传统支持向量机算法训练一个分类模型,计算每个支持向量的估计值与真实值之间的误差,及该误差与所有支持向量误差和的比值,并以该比值分配隐私预算,为每个支持向量对应的对偶变量添加不同级别的拉普拉斯随机噪声。但该方法不能保护分类模型中支持向量的隐私信息,只适用于线性支持向量机。Shen 等人针对从多方收集物联网数据训练支持向量机带来的隐私泄露问题,提出了一种基于区块链加密物联网数据的隐私支持向量机训练方案。应用区块链技术在多个数据提供方之间建立一个安全的数据共享平台,并利用同态加密系统设计组件、构造安全的支持向量机训练算法,同时不需要可信的第三方。Huang 等人指出高维数据增加了大数据分析和保护的难度,为了在降维的同时保护数据的隐私信息,提出两种基于差分隐私的主成分分析算法 DPPCA – SVM 和 PCA – DPSVM,并使用支持向量机来衡量处理后数据的可用性。前者在使用主成分分析算法对数据降维时,对数据的协方差矩阵添加拉普拉斯随机噪声;后者在降维后的数据上训练支持向量机分类模型,对分类模型添加拉普拉斯随机噪声。该方法并不是研究支持向量机分类模型的隐私问题,只是用支持向量机作为衡量算法可用性的工具。

综上所述,面向支持向量机分类的隐私保护方法已经取得了一些研究成

果,但还存在不完善的地方,可以进一步研究提高支持向量机分类模型的分类
性能,同时满足隐私保护的要求。针对线性支持向量机分类,已有的方法在模
型输出或目标函数中添加随机噪声,但要求损失函数满足连续可微的条件,因
此不能直接应用到传统的支持向量机中。针对核支持向量机分类,基于随机投
影的方法将其转化成线性支持向量机分类,失去了核函数在解决高维甚至是无
限维数据非线性分类上的优势。基于特征映射的方法仅支持部分转换不变的
核函数,这在一定程度上限制了核函数的应用。因此,本书分别从线性支持向
量机及核支持向量机两个方面研究其存在的隐私泄露问题,并提出相应的隐私
保护方法。

1.4　研究内容

本书首先将差分隐私应用到社会网络隐私保护中,从离线数据的角度分析
问题,以非交互式的方式发布结果数据,针对不同数据发布场景的需求研究并
提出具体的差分隐私保护方法。发布场景一与场景二是针对边权重的隐私泄
露问题,需要保护的内容是数值型的数据,所提出的算法能够保证差分隐私保
护。发布场景三与场景四是针对边信息的隐私泄露问题,需要保护的内容是节
点之间边的连接信息即用户之间的关系,所提出的算法能够保证边 – 差分隐私
保护。同时,面向支持向量机分类模型存在的隐私泄露问题,考虑已有的隐私
支持向量机方法存在的不足,针对线性支持向量机及核支持向量机隐私泄露问
题的不同方面,运用不同的差分隐私实现机制提出了相应的隐私保护方法,具
体的研究内容主要包括以下 6 个方面:

(1)面向预测推荐服务的差分隐私保护方法。针对推荐系统发布预测评级
时的隐私泄露问题,研究具体的差分隐私保护算法、扰动非隐私的算法计算预
测评级,关于相似性的计算是基于用户 – 用户相似性,即借助于用户之间的某
种行为关系。扰动方法即添加拉普拉斯噪声,一种方式是直接扰动原始评级数
据再进行计算,另一种方式是在算法实现的过程中扰动所需的各种测量值。最
后,通过仿真实验测试发布评级的误差指标,主要包括平均绝对误差和均方误
差,并且对比分析各种方法。

(2)面向权重图数据发布的差分隐私保护方法。针对加权网络图中的权重

数据保护问题,研究具体的差分隐私保护算法。出发点是将边权重序列视为一个无归属直方图,并且把具有相同计数的桶合并为一个组以减少噪声的添加量。为了满足差分隐私,提出关于组间 K – 不可区分的概念,并且能够保证随机选择合并的分组。为了保持大多数的最短路径不变,再次根据权重序列的初始次序进行一致性处理。最后,通过仿真实验测试发布数据的平均相对误差以及最短路径的保持比例等。

(3)面向网络信息统计的边 – 差分隐私保护方法。针对网络统计中发布聚集信息时的隐私泄露问题,研究具体的边 – 差分隐私保护算法。首先,应用指数机制改编 Louvain 方法以进行隐私保护下的网络划分,由于引入的随机性,极大地增加了在第一阶段中的迭代次数。因此,替代原始算法中的相对增益,提出绝对增益的概念以净化邻居社区,目的是缩小可选邻居社区的范围。其次,使用直方图的形式输出聚集系数的噪声分布,即以更直观的方式呈现结果数据。最后,通过仿真实验测试划分后的网络模块度和社区数目,以及发布各个社区聚集系数的分布情况。

(4)面向网络图重构的边 – 差分隐私保护方法。针对发布社会网络图时实现隐私保护的图重构问题,研究具体的边 – 差分隐私保护算法。着眼于图的两个重要属性,即同配系数和三角形计数,进行差分隐私保护的图重构。工作流是源于一个种子图,为了提高同配系数的精度,对该图进行目标 $1K$ – 重连接以得到一个新的种子图,同时保持着 $1K$ – 分布。MCMC 过程使用新的种子图作为初始状态,并由 TbI 查询所提供的相关信息引导,以一步一步迭代的方式逐步提高合成图中三角形的数量。最后,通过仿真实验,测试对比发布图的两个关键度量指标,以及一些其他度量指标的数据。

(5)面向核支持向量机的差分隐私保护方法。针对核支持向量机分类模型中支持向量的隐私泄露问题,已有的方法仅支持部分转换不变的核函数,或是转化成线性分类但失去了核函数解决高维数据非线性分类的优势,本书提出了一种基于指数机制和拉普拉斯机制的差分隐私混合机制保护方法(differentially private kernel support vector machines based on the exponential and Laplace hybrid mechanism, DPKSVMEL)。该方法不改变核支持向量机的训练过程,利用指数机制和拉普拉斯机制的各自优势,通过对分类模型中的支持向量进行后置处理来保护支持向量的隐私信息。在该方法中,定义了一个表示非支持向量与每个支持向量之间的相关性或距离的相似性参数。将每个支持向量看成是不相交的独立分组,并按照相似性参数的最大值将每个非支持向量合并到对应的分组中。根据给定的相似性参数及组内非支持向量数是否满足大于限制参数 k 的条件,分别利用指数机制或拉普拉斯机制保护组内的支持向量。

(6)面向线性支持向量机的差分隐私保护方法。针对线性支持向量机分类模型的隐私泄露问题,已有的方法要求损失函数满足连续可微的条件及复杂的敏感度分析,本书提出了一种基于指数机制的差分隐私工作集选择方法(differentially private working set selection, DPWSS)。序列最小优化算法是目前通过求解最小二次规划问题训练支持向量机的有效方法,工作集选择是该算法中的一个重要步骤,用于确定待优化的一对违反 KKT(Karush – Kuhn – Tucker)优化条件的元素。该方法采用改进的常量因子违反对算法替代目前普遍采用的使用二阶信息确定违反对的工作集选择方法,并设计了一个简单的打分函数,利用指数机制在工作集选择的过程中引入随机性,最终发布一个隐私的支持向量机分类模型。该方法的最大优势是不要求目标函数的可微性,也不需要像经典的目标扰动方法或输出扰动方法那样复杂的敏感度分析。

第2章　面向预测推荐服务的差分隐私保护方法

针对推荐系统中存在的用户隐私问题,本章提出一种方法实现差分隐私保护的协同过滤,阻止对用户可能进行的某些推理攻击。在此发布场景中,用户对项目的评级数据关联着敏感信息,目标是隐藏个人的评级数据并且提供有价值的预测结果。该方法基于拉普拉斯机制扰动非隐私算法,主要为当前用户计算预测评级并提供推荐服务。

2.1　引言

在互联网时代,用户总是被信息过载所困扰,因为他们无法从大量的信息中获得真正有用的部分。作为一种有效的解决方案,个性化推荐系统已经应用于各种在线服务中,用以提升用户的网络体验。一个典型的案例是某公司一直致力于推荐最适合用户品味的电影。协同过滤是推荐系统中最常用的技术之一,基本思想是基于其他相似用户的偏好来预测当前用户的偏好,主要方法通常分为基于记忆的方法和基于模型的方法两类。然而为了推荐服务,所收集的用户评级数据可能会泄露用户隐私,从而推断出用户的敏感信息。Calandrino等人提供的一些算法表明,使用辅助信息可以从连续的推荐中推演出几种推理攻击。本部分工作关注推荐系统中的用户隐私问题,寻找基于差分隐私保护的可行的解决方案。

Zhu 等人提出了一种满足差分隐私的邻居协同过滤算法,首先,该算法采用一种重新设计的指数机制,在隐私保护下选取高质量的邻居数据,目的是提高推荐系统的性能,所涉及的推荐相关敏感度是基于局部敏感度概念的一种新的敏感度。然后,该算法通过添加拉普拉斯噪声对所选邻居的原始评级进行扰动。Zhu 等人设计了两种差分隐私保护的采样算法——DP - IR 和 DP - UR,其分别基于项目和用户进行推荐,两种算法均是采用指数机制,并为指数机制设计了一个质量函数,同时给出了在隐私和精度上的详细的理论分析。Jorgensen 等人提出了一种个性化社会推荐的隐私保护框架,具体在模型设置中有两个可区分的图,一个是无权偏好图,另一个是不敏感的社会网络图。文中指出用户根据社会网络中的自然社区结构进行聚类,可以显著降低保证差分隐私所需的噪声量,然而,社会网络中的关系有时也被认为是敏感信息。

针对推荐系统中的矩阵分解方法,Friedman 等人提出了一个通用的差分隐私保护框架,具体的扰动方式包括输入扰动、随机梯度扰动和 ALS 输出扰动,通过比较和分析,输入扰动在推荐结果中表现最佳。McSherry 等人改编了应用于差分隐私保护框架中的几种主要算法。具体来说,拉普拉斯噪声是添加到各种全局量中,以及基于项目 - 项目相似性的用户评级向量的协方差矩阵中,给定这些噪声度量,再直接使用算法(例如,k - 最近邻方法和 SVD 预测机制)进行隐私保护的推荐。Liu 等人提出了一种关于隐私保护、推荐系统的混合方法来隐藏用户的隐私数据,并同时防止隐私信息的推断。用户的原始数据先是通过随机扰动技术进行掩盖,在扰动数据的基础上,再使用一定量的噪声掩盖协方差矩阵和一些均值,最终达到差分隐私保护的目的。该方法与文献[156]中的方法相似,一些现有的算法可以直接运行于发布的噪声度量之上,进而实现隐私保护下的预测推荐任务。

综上所述,现有的研究内容针对推荐系统中的协同过滤提出了具体的隐私保护算法,但主要是为当前用户推荐预测列表。本章提出一种基于差分隐私的协同过滤方法,该方法通过三种已有算法来计算预测评级,具体采用两种添加噪声的方式来隐藏个体的评级数据,并且提供有价值的预测结果。该方法选择计算预测评级,而不是推荐列表,主要是为了充分利用数据进行更综合的计算。相似性由评级矩阵中的行向量进行计算,即基于用户 - 用户相似性,不同于项目 - 项目相似性,主要考虑借助用户之间的某种行为关系。本章的主要内容是基于拉普拉斯机制扰动非隐私算法,以实现差分隐私保护下的预测计算,其中关于相似性的计算选用两种常用的度量值。最后,在真实数据集上进行仿真实验并对比分析隐私的方法与非隐私的方法,总结本章的工作并指出进一步的研究方向。

2.2　协同过滤

协同过滤,是基于一组兴趣相似的用户进行偏好预测或者提供推荐服务。具体步骤是先对用户兴趣进行分析,在数据集中查找与当前用户兴趣相似的用户群,再综合这些用户对某些指定信息的评价,对当前用户关于此信息的偏好程度进行预测,或者也可以直接把这些用户感兴趣的内容推荐给当前用户。使用数据集中存储的数据是用户对项目的评级数据,评级越高,代表用户越喜欢该项目。用户 – 项目偏好图是一个二部图,如图 2.1 所示,其中只有用户与项目之间有边连接,而用户与用户、项目与项目之间没有边连接。边权重表示评级数据。

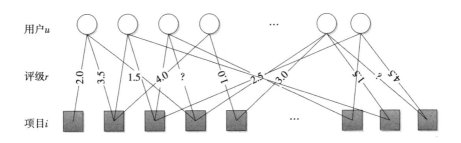

图 2.1　用户 – 项目偏好图

协同过滤对于所推荐的对象没有特殊要求,可以推荐如电影、音乐、艺术品等内容,即能够处理非结构化的复杂对象。协同过滤还具有推荐新信息的能力,可以发现与用户原本熟悉的内容完全不相似的信息,或者发现潜在的和用户自己尚未发现的兴趣偏好。此外,根据用户的浏览行为或者购买模式,协同过滤系统是自动地、隐式地为用户提供推荐服务,这完全不会影响到用户的网络体验。

协同过滤系统,通常是为活动用户提供一个预测项目的排序列表,其性能可以通过推荐列表中项目的预期效用来评估。该系统也可以为预测的项目提供数字评级,其性能可以通过预测的评级和实际的偏好值(即原始评级)之间的距离来衡量。关于相似性的计算有两种常用的度量,皮尔逊相关系数(Pcc)或基于余弦的相似性(Cos)。

(1)Pcc 是一种线性相关系数 ρ_{XY},用来衡量两个随机变量 X 和 Y 之间的相关性。其取值范围在 -1 和 1 之间,绝对值越大,相关性越强。当 X 与 Y 线性相关时,取值为 1 表示正线性相关,取值为 -1 表示负线性相关。线性相关系数定义为 X 与 Y 的协方差与标准差之比,计算公式如下:

$$\rho_{XY} = \frac{\text{cov}(X,Y)}{\sqrt{D(X)}\sqrt{D(Y)}} = \frac{E[(X-EX)(Y-EY)]}{\sqrt{D(X)}\sqrt{D(Y)}} \qquad (2-1)$$

(2)Cos 通过计算两个向量 X 和 Y 的夹角余弦来评价相似性,更注重向量之间在方向上的差异。取值范围在 -1 和 1 之间,取值 0 表示两个向量是正交的,当两个向量的方向重合时,取最大值为 1,反之亦然。向量相似性的计算公式如下:

$$\text{sim}(X,Y) = \cos\theta = \frac{\vec{x} \cdot \vec{y}}{\|x\| \cdot \|y\|} = \frac{\sum_{1}^{n}(X_i \times Y_i)}{\sqrt{\sum_{1}^{n} X_i^2} \times \sqrt{\sum_{1}^{n} Y_i^2}} \qquad (2-2)$$

2.3   预测评级的扰动方法

在本质上,差分隐私是应用系统应该保持的一种特性,而不是某种特殊的计算方式或具体的计算方法。本章提出的扰动方法根据添加噪声的位置分为两种形式,如图 2.2 所示,在 DPI 方法中,噪声添加到评级矩阵的每个元素中,用以掩盖原始的数据。在 DPM 方法中,基于原始的评级矩阵,噪声添加到各个算法计算时所需的各种度量之中。本章具体采用三种不同的算法计算预测评级,算法 Pcc 和 Cos 的计算方法相似,不同之处在于用户之间的相似性度量,算法 Avg 利用原始评级的平均值来预测评级。

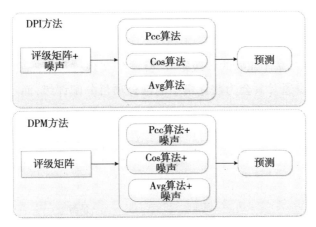

图 2.2　预测评级的扰动方法

根据差分隐私的定义,邻居数据集是指两个二部图除了一个边权重,即一个评级之外,还包含相同的评级数据。则在数据集 A 中的某个评级 r_u^i,即用户 u 分配给项目 i 的评级,不同于在数据集 B 中的评级 r_u^{i},而其他评级数据均相同。

2.3.1　DPI 方法

简单的噪声添加技术适用于预测评级,同时保护原始的评级不泄露。在此方法中,执行预测算法之前,原始评级是通过添加拉普拉斯噪声进行扰动的。这种输入扰动是一种相对简单而有效的策略,任何算法都可以直接进行满足差分隐私的预测推荐。

评级矩阵中所需添加的噪声的量级,取决于评级的全局敏感度。评级的取值范围是 $\Delta r = r_{max} - r_{min}$,指定了评级数据的最大改变量。根据定义 1.4,该方法通过添加噪声 $\mathrm{Lap}(\Delta r/\varepsilon)$ 来扰动评级矩阵。作为后置处理过程,噪声的评级需被限定在 $[r_{min}, r_{max}]$ 之间,可以限制某些过度噪声的影响。具体使用如下公式:

$$r = \begin{cases} r_{min}, r < r_{min} \\ r, r_{min} \leqslant r \leqslant r_{max} \\ r_{max}, r > r_{max} \end{cases} \qquad (2-3)$$

评级矩阵经过扰动之后,各个算法再以噪声矩阵作为输入,即在不访问原始矩阵的情况下进行预测。因此,在 DPI 方法的整个过程中可以满足 ε - 差分隐私保护。

2.3.2　DPM 方法

在此方法中,基于原始的评级矩阵,算法的实现过程中需要满足 ε - 差分隐私保护。用户通常只会为数据集中的部分项目分配评级,而不是所有项目,算法只考虑矩阵中的非零评级。由此设置的限制条件是,每个用户都对至少 k 项进行了评级,否则不会为该用户提供预测推荐,这也是算法中的一个重要参数。

图 2.3　评级矩阵的划分结构 (1)

在 Avg 算法中,评级矩阵中的项目被划分为训练和预测两部分,如图 2.3 所示,即在垂直方向上被划分为两块区域。该算法的思想是,训练区域中每个用户评级的平均值作为预测区域中每个非零项目的预测评级。每个用户所分配的评级是相对稳定的,因此直接使用平均值进行预测。定理 2.1 给出了评级均值的全局敏感度,在算法 2.1 中具体依据此值为评级均值添加拉普拉斯噪声。

定理 2.1　评级均值的全局敏感度是 $\Delta r / k$ 。

证明　评级均值的全局敏感度为,

$$\Delta \mathrm{avg} = \Delta\left(\frac{r_1 + r_2 + \cdots + r_n}{n}\right) = \frac{\Delta(r_1 + r_2 + \cdots + r_n)}{n} = \frac{\Delta r}{n} \leqslant \frac{\Delta r}{k}$$

$$(2-4)$$

其中,假定 n 为常数,并且 $n \geqslant k$, $\Delta r = r_{\max} - r_{\min}$ 。为简化起见,$\Delta r / k$ 将作为全局敏感度的一个指定的上限。

算法 2.1　Avg 预测算法

具体内容

输入：训练项目矩阵 activeMatTrain，隐私预算 ε，参数 k

输出：扰动的预测项目矩阵 activeMatPred

1. 计算用户数 N

2. for $i = 1$ to N

3. 　activeAvg = mean（activeMatTrain（i,：））

4. 　activeAvg = activeAvg + Lap$\left(\dfrac{\Delta r}{k * \varepsilon}\right)$

5. 　activeMatPred（i,：）= activeAvg

6. end for

7. return activeMatPred

在算法 2.1 中：第 3 行计算训练项目矩阵 activeMatTrain 中每个用户的有效评级的均值，未进行评级的项目不参与运算。第 4 行对评级的均值添加噪声 Lap$\left(\dfrac{\Delta r}{k * \varepsilon}\right)$。第 5 行使用噪声扰动的评级均值 activeAvg 更新测试项目矩阵 activeMatPred。第 7 行返回矩阵 activeMatPred，其中的非零值即为扰动的预测评级。该算法的时间复杂度为 $O(N)$，其中，N 为计算用户数。

推论 2.1　噪声扰动的 Avg 预测算法满足 ε – 差分隐私。

证明　评级均值作为预测评级，是唯一需要添加噪声进行扰动的度量值。根据定理 2.1，添加到评级均值的噪声的量级为 Lap$\left(\dfrac{\Delta r}{k * \varepsilon}\right)$。因此，噪声扰动的 Avg 预测算法满足 ε – 差分隐私。

在算法 Pcc（或 Cos）中，评级矩阵 Mat 被划分为四块区域，分别为 activeMatTrain、activeMatPred、otherMatTrain、otherMatPred，如图 2.4 所示，即在水平方向与垂直方向上同时进行划分。用户被随机划分为活动用户和其他用户，一部分项目用于训练，其余部分用于预测。该算法思想是，利用其他用户的评级偏差及活动用户的评级均值进行预测，预测的任务是为 activeMatPred 区域中的非零评级计算预测评级。

图2.4　评级矩阵的划分结构（2）

算法 2.2　Pcc（或 Cos）预测算法

具体内容

输入：评级矩阵 activeMatTrain、otherMatTrain、otherMatPred，隐私预算 ε，参数 k

输出：扰动的预测项目矩阵 activeMatPred

1. 将 ε 拆分为 ε_1 和 ε_2 两部分

2. simMat = similarity（activeMatTrain, otherMatTrain）

3. $simMat = simMat + Lap\left(\dfrac{2}{\varepsilon_1}\right)$

4. 相似矩阵 simMat 限制在 -1 到 $+1$ 之间

5. $otherAvgVec = mean(otherMat^{T}) + Lap\left(\dfrac{\Delta r}{k * \varepsilon_2}\right)$

6. 向量形式 otherAvgVec 转化为矩阵形式 otherMatAvg

7. otherMatPred = otherMatPred − otherMatAvg

8. for each activeuser i

9. 　　$activeAvg = mean(activeMatTrain(i,:)) + Lap\left(\dfrac{\Delta r}{k * \varepsilon_2}\right)$

　　　　//通过 spdiags 函数将 activeuser i 的相似向量转化为对角矩阵

10. 　　activeMatPred(i,:) = sum（spdiags（simMat（i,:））* otherMatPred) + activeAvg

11. end for

12. return activeMatPred

在算法 2.2 中:第 1 行对隐私预算 ε 进行分配,ε_1 用于相似性矩阵 simMat 添加噪声,ε_2 用于评级均值添加噪声。第 2 行根据相似函数 Pcc(或 Cos),使用 activeMatTrain 和 otherMatTrain 计算相似矩阵 simMat。第 3 行对矩阵 simMat 进行扰动,即为其中的每个元素添加噪声 $\mathrm{Lap}\left(\dfrac{2}{\varepsilon_1}\right)$。第 4 行对相似矩阵 simMat 进行归一化处理。第 5 行为其他用户计算均值向量 otherAvgVec,并添加噪声 $\mathrm{Lap}\left(\dfrac{\Delta r}{k*\varepsilon_2}\right)$。第 6 行对其他用户评级均值进行形式转化,即矩阵的每行非零元素均为该用户的噪声均值,便于矩阵运算。第 7 行计算其他用户评级与自身评级均值的偏差,作为预测评级的基础数据,即通过减去均值矩阵 otherMatAvg,生成偏差矩阵 otherMatPred,两个矩阵之中所有非零值的位置一一对应。第 9 行为每个活动用户 i 计算平均评级 activeAvg,并添加噪声 $\mathrm{Lap}\left(\dfrac{\Delta r}{k*\varepsilon_2}\right)$。第 10 行先由向量 simMat$(i,:)$ 和矩阵 otherMatPred 计算预测偏差,再加上 activeAvg 为每个用户生成预测评级向量 activeMatPred$(i,:)$。第 12 行最终返回扰动的预测项目矩阵 activeMatPred。该算法的时间复杂度为 $O(N)$,其中,N 为活动用户数。

推论 2.2　噪声扰动的 Pcc(或 Cos)预测算法满足 ε - 差分隐私。

证明　(1)Pcc(或 Cos)的取值范围是从 -1 到 1,即最大变化量为 2。根据定义 1.4,第 3 行中添加的噪声的量级为 $\mathrm{Lap}\left(\dfrac{2}{\varepsilon_1}\right)$。(2)根据定理 2.1 和定理 1.2,第 5 行和第 9 行中添加的噪声的量级为 $\mathrm{Lap}\left(\dfrac{\Delta r}{k*\varepsilon_2}\right)$。(3)在第 10 行中,计算矩阵 activeMatPred 时的所有度量,均已被拉普拉斯噪声所扰动。根据定理 1.1,噪声扰动的 Pcc(或 Cos)预测算法满足 ε - 差分隐私。

2.4　仿真实验

在这一部分,实验共分为三项内容:第一项内容,测试拉普拉斯机制中的噪声分布;第二项内容,测试由两组随机数据计算的相似性度量值的趋势分布;第三项内容,使用真实数据集对扰动算法进行评估,并生成预测结果的误差曲线图。

2.4.1　实验数据及参数设置

实验环境:Intel© Core™ i7 - 6700 CPU @ 3.40 GHz,24 G 内存,Windows 10 操作系统,所有算法均是在 Matlab R2014a 中执行的。实验中选用 3 个新数据集,ml - 20m 数据集、ml - latest - small 数据集和 ml - latest 数据集,这些都是由 GroupLens 研究机构从 MovieLens 网站上收集并提供的可用评级数据。具体从中抽取出 4 个数据集进行测试,分别从 ml - latest - small 中随机抽取 700 个用户,从 ml - 20m 中随机抽取 1000 个用户,从 ml - latest 中随机抽取 2000 个用户和 5000 个用户。如果被选中的用户评级小于 3 项,即设置参数 $k = 3$,则在预处理中将会被删除。数据集的规模如表 2.1 所示,其中的实验数据是抽取之后删除部分用户的结果。

各个数据集中的评级数据分别是 $0.5,1.0,1.5,2.0,2.5,\cdots,5.0$,评级的取值范围 Δr 为 4.5。在实验测试中,隐私预算 ε 分别设置为 1,2,3,4,5。在算法 2.2 中,ε_1 与 ε_2 的比值具体设置为 0.2:0.8,并且所选出的数据集在水平方向和垂直方向上都是被等分的。评价指标分别选取:平均绝对误差 MAE = mean $|$predval - trueval$|$,均方误差 MSE = mean (predval - trueval)^2,其中,predval 是预测评级,trueval 是原始评级。

表 2.1　数据集的规模

数据集	用户数×项目数(原始数据)	用户数×项目数(实验数据)
ml - latest - small	700 ×9000	671 ×4801
ml - 20m	138000 ×27000	1000 ×5870
ml - latest(2000)	270000 ×45000	1907 ×6144
ml - latest(5000)	270000 ×45000	4773 ×8972

2.4.2　实验结果及分析

(1)测试拉普拉斯噪声

拉普拉斯噪声分布的一个实例,如表 2.2 所示,第一列包含需要扰动的原始计数,第二列包含生成的随机数,其余各列包含 ε 取不同值时所生成的噪声数据,最后一行计算每一列噪声的平方误差(SE)和平方和误差(SSE)。从表中数据分析可得,在垂直方向上,当随机数 r 近似于 0.5 时,所生成的噪声最小;当 r 值偏离 0.5 越远时,所生成的噪声越大。在水平方向上,噪声随着 ε 的增加而减小,噪声的 SE 和 SSE 也是如此,此时隐私水平自然也随之降低。

表 2.2　拉普拉斯噪声

计数	随机数 r	$\varepsilon = 0.1$	$\varepsilon = 0.5$	$\varepsilon = \ln2$	$\varepsilon = 1$	$\varepsilon = \ln3$
44	0.8633	12.9718	2.5944	1.8714	1.2972	1.1807
12	0.3440	− 3.7392	− 0.7478	− 0.5395	− 0.3739	− 0.3404
38	0.4569	− 0.9018	− 0.1804	− 0.1301	− 0.0902	− 0.0821
76	0.2381	− 7.4196	− 1.4839	− 1.0704	− 0.7420	− 0.6754
92	0.7712	7.8160	1.5632	1.1276	0.7816	0.7114
SE 和 SSE		299.2030	11.9681	6.2275	2.9920	2.4790

(2)测试相似性度量值

随机生成两组数据,每组包括 5 个行向量,每个向量包括 5 个数据,如表 2.3 所示。依次为每组数据计算任意两个向量之间的相似性,每种相似性度量各计算出 10 个值。如图 2.5 和图 2.6 所示,两种相似性度量值的整体分布趋势相同。

表 2.3　两组随机数据

组别		数据				
第 1 组	1	0.083700	0.086414	0.601878	0.157659	0.122685
	2	0.468206	0.519951	0.198504	0.421786	0.251181
	3	0.093803	0.552631	0.656757	0.596054	0.937608
	4	0.725170	0.685149	0.698357	0.322331	0.655208
	5	0.912045	0.299655	0.459680	0.830729	0.752911

续表

组别		数据				
第2组	1	0.478322	0.580893	0.657264	0.195150	0.980589
	2	0.006247	0.701207	0.752951	0.330682	0.206759
	3	0.171436	0.804664	0.702129	0.642833	0.983253
	4	0.303557	0.851985	0.605118	0.217404	0.610371
	5	0.744465	0.117721	0.038267	0.076910	0.247979

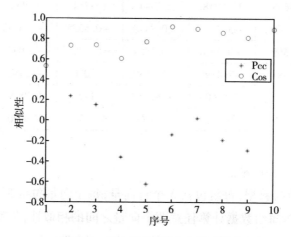

图2.5　第1组数据的相似性度量值

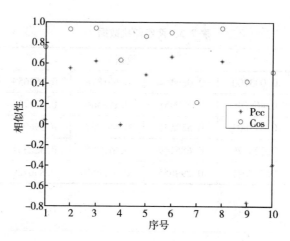

图2.6　第2组数据的相似性度量值

（3）评估扰动算法

首先,使用两个相对小的数据集测试各个扰动算法,生成的误差曲线如图 2.7 至图 2.18 所示。总的来说,DPI 方法中产生的误差低于 DPM 方法,特别是在测试 MSE 指标时,两种方法误差曲线之间的差别相对明显。这点与 Friedman 等人工作中所得到的结论一致,即输入扰动方式的性能优于其他扰动方式。其中,非隐私方法的 MAE 指标接近于 0.75,MSE 指标接近于 1.0。当 $\varepsilon = 1.0$ 时,DPM 方法的 MAE 指标略低于 1.5,DPI 方法的 MAE 指标接近于 1.0,两种扰动方法的误差比值大概是 1.5。当 $\varepsilon = 1.0$ 时,DPM 方法的 MSE 指标接近于 3,DPI 方法的 MSE 指标近接于 1.5,两种扰动方法的误差比值大概是 2。当 $\varepsilon = 2.0$ 时,扰动方法的误差曲线大幅度降低,当 $\varepsilon \geqslant 3.0$ 时,这些误差曲线保持平稳下降。由此可见,误差随着 ε 的增加而降低,这点与表 2.2 中的噪声数据的分析结果一致。当相对弱的隐私保证可以被接受时,即当 $\varepsilon = 5.0$ 时,扰动方法的预测精度能够接近非隐私的方法。

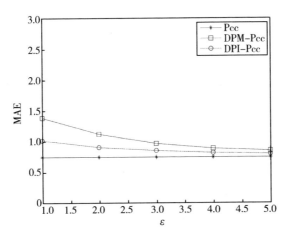

图 2.7　算法 Pcc 的 MAE 指标（ml – latest – small）

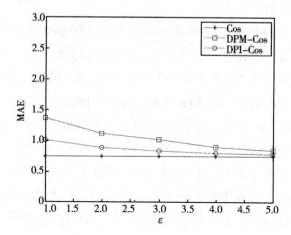

图 2.8　算法 Cos 的 MAE 指标（ml – latest – small）

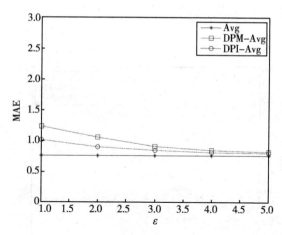

图 2.9　算法 Avg 的 MAE 指标（ml – latest – small）

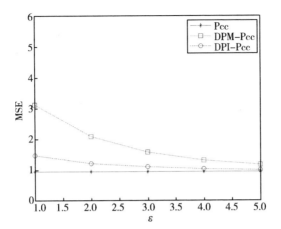

图 2.10　算法 Pcc 的 MSE 指标（ml – latest – small）

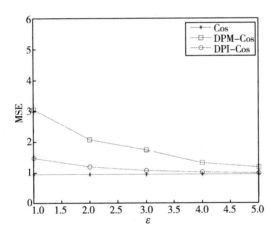

图 2.11　算法 Cos 的 MSE 指标（ml – latest – small）

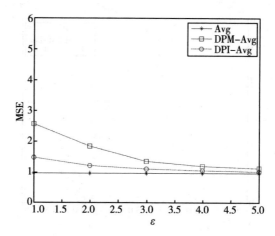

图 2.12　算法 Avg 的 MSE 指标（ml – latest – small）

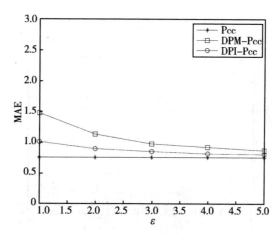

图 2.13　算法 Pcc 的 MAE 指标（ml – 20m）

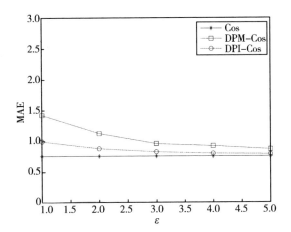

图 2.14　算法 Cos 的 MAE 指标（ml – 20m）

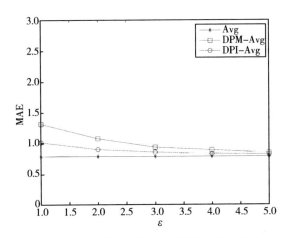

图 2.15　算法 Avg 的 MAE 指标（ml – 20m）

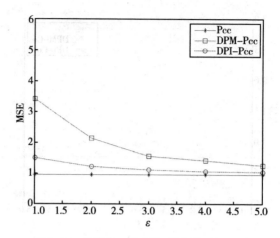

图 2.16 算法 Pcc 的 MSE 指标（ml-20m）

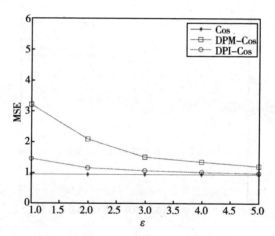

图 2.17 算法 Cos 的 MSE 指标（ml-20m）

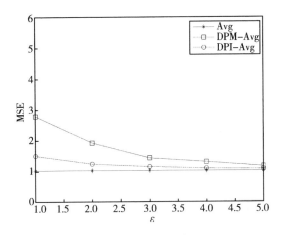

图 2.18　算法 Avg 的 MSE 指标（ml - 20m）

　　三种算法的实验结果是相似的，DPM - Avg 算法的效果相比之下略好一些，主要是算法 2.2 中扰动相似矩阵引入的噪声误差，导致 DPM - Pcc 算法与 DPM - Cos 算法中产生的误差相对略大一些。因此，在后续的实验中略去算法 Cos，使用两个较大的数据集测试扰动算法，类似的误差曲线如图 2.19 至图 2.26 所示。当 ε = 1.0 时，DPI 方法的 MAE 指标略高于 1.0，MSE 指标接近于 2，DPI 方法的误差在此点处稍大一点。除此之外，所有误差曲线的趋势几乎保持不变。由此可见，尽管测试了 4 个不同大小的数据集，但所选取的用户数量对预测误差的影响并不大。最终的结论是两种扰动方法的扩展性较好，并且对于大数据集也可以获得一致的实验结果，所提出的方法对于隐私保护的推荐服务是一种可行的解决方案。

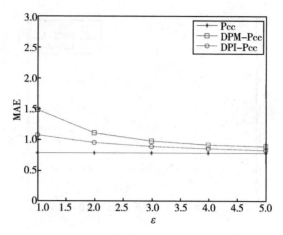

图2.19　算法 Pcc 的 MAE 指标[ml–latest（2000）]

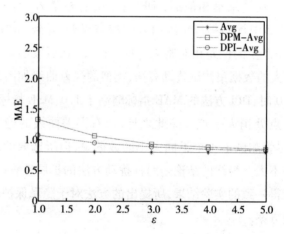

图2.20　算法 Avg 的 MAE 指标[ml–latest（2000）]

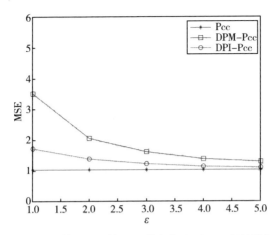

图 2.21 算法 Pcc 的 MSE 指标[ml – latest (2000)]

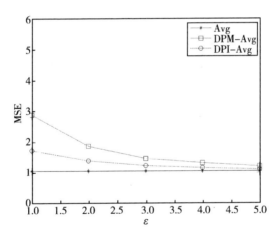

图 2.22 算法 Avg 的 MSE 指标[ml – latest (2000)]

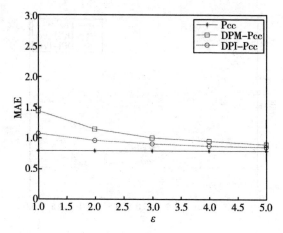

图 2.23　算法 Pcc 的 MAE 指标[ml – latest（5000）]

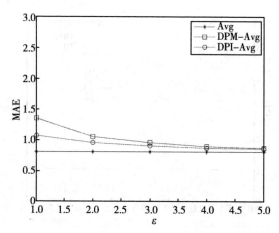

图 2.24　算法 Avg 的 MAE 指标[ml – latest（5000）]

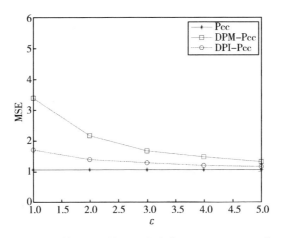

图 2.25　算法 Pcc 的 MSE 指标 [ml-latest (5000)]

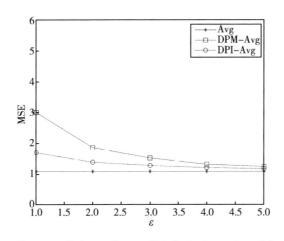

图 2.26　算法 Avg 的 MSE 指标 [ml-latest (5000)]

2.5　本章小结

在本章中,主要提出了一种基于差分隐私的协同过滤方法来计算预测评级,该方法结合了两种添加拉普拉斯噪声的扰动方式,一种方式直接扰动原始的评级数据,另一种方式扰动计算时所需的各种测量值。该解决方案实际上是一种处理数据的方式,也可以尝试应用到其他更高级的协同过滤算法中。然而,潜在的问题是隐私预算 ε 可能更大,这也许会使所承诺的隐私保护无效。

实验结果表明,所选取用户的数量对于预测误差的影响非常小。我们可以从不同的角度来分析这个问题,一方面,对于计算这样的预测评级,仅选取少量的数据看起来已足够了;另一方面,当用户的数量增加时,所需添加的噪声量仍然是可以接受的。因此,所提出的方法在保证差分隐私的同时能够为用户提供有价值的预测结果,对于预测推荐服务是可行的,也是能够胜任的。

对于商业应用而言,值得深入研究更有价值的面向社会服务的推荐系统。我们将探讨如何结合三度影响力进行社会化推荐。三度影响力是指一种强连接关系,在社会网络中可以引发用户的行为。而相比之下,六度分隔理论是指一种弱连接关系,在社会网络中可以为用户传播信息。为了解决其中的隐私问题,新的方法也可以考虑采用局部差分隐私,这是关于差分隐私的一种更强的变体,用来消除用户对数据收集的顾虑与担忧。这个概念可以追溯到随机应答技术(RRT),能够为单个评级提供貌似可信的否认性,因此,所收集的数据集可以在没有任何额外隐私保护的情况下直接使用。

第3章　面向权重图数据发布的差分隐私保护方法

社会网络中的边权重可能关联着敏感信息(如商品交易价格等),本章的主要内容是扰动所发布网络的权重数据,并保持大多数的最短路径不变。在此发布场景中,假设网络的拓扑结构是已知的公开信息。该方法的出发点是把边权重序列视为一个无归属直方图,并基于直方图提出具体的满足差分隐私的解决方案。

3.1　引言

社会网络是指社会个体之间因互动而形成的相对稳定的关系体系,也是复杂网络中最具代表性的一个应用实例。社会网络是社会学研究的对象,关注的内容是人与人之间的互动与联系。基于社科研究和数据共享的需要,相关组织需要发布这些社会网络数据,并且保证不泄露其中的隐私信息。通常在发布数据之前要进行适当的匿名处理,或者可以通过扰动或加密原始数据来实现隐私保护。

社会网络可以抽象为一个图结构,可分为无权图和加权图。在无权网络图中,社会个体之间或者有连接,或者没有连接,仅能表明个体之间是否存在相互作用。而在加权网络图中,边权重可以标识个体之间相互作用的强弱差异。例如,边权重可以表示通信的频率、商品交易的价格、关系的亲密度等,可见这些数据都关联着敏感信息。其中,一个典型的例子是情报网络,其中的边权重可以表示两个机构之间的联络频率,那么过于频繁的通信也许暗示着潜在的问题。另外一个例子是商业贸易网络,其中的边权重可以代表着两个公司之间的交易价格,由于激烈的商业竞争,大部分管理者不愿意向他们的竞争对手泄露如价格信息等商业机密。在此应用场景下,个体之间的连接关系是已知的公开信息,需要处理的数据只是社会网络中的边权重值。

Das 等人研究社会网络图中的边权重匿名方法,具体建立了一个线性规划模型,例如,最短路径、k - 近邻和最小生成树等均可以表示为边权重的线性函数,该模型可以保留网络图中的这些统计性质。Liu 等人研究的内容是保护图中一部分边权重值,具体提出了两种隐私保护策略,分别为高斯随机乘运算和基于图论的贪婪扰动算法,该策略能够保持部分节点对之间的最短路径不变。Costea 等人分析如何将差分隐私应用于图结构中来保护边权重,然而简单地添加拉普拉斯噪声将会严重影响所发布的边权重值的精度。兰丽辉等人提出一种基于差分隐私的随机扰动方法,该方法将网络结构的查询结果映射为一个实数向量,通过在向量中添加拉普拉斯噪声以实现边及边权重的隐私保护。

Hay 等人提出一种在满足差分隐私的条件下,可以显著提高一类直方图查询精度的方法。该方法主要是寻求在查询的噪声输出中所应该满足的一致性约束,再经过后置处理,最后的输出是满足差分隐私的并且一致的,而且通常是更加精确的。该方法已经用于精确的评估图中的度序列,这也是无归属直方图的一个典型实例。Xu 等人提出两个算法 NoiseFirst 和 StructureFirst 来发布满足差分隐私的直方图,二者的区别主要在于噪声添加和直方图重构两个步骤的相对顺序,文中进一步扩展了两种方法以实现任意的范围查询。NoiseFirst 算法是在加入噪声的数据序列之上执行动态规划技术,即合并相邻的噪声计数。这是一种后置优化处理方法,优点在于能够提高已发布的直方图的精度。Structure-First 算法是基于原始数据先构建一个最优直方图,然后随机移动桶间的边界,此操作相当于对直方图的结构添加噪声,在设定所有边界之后,将拉普拉斯噪声添加到平均计数中。由此可见,该方法主要包括两种误差,即构造误差和噪声误差。

综上所述,现有文献的研究内容针对社会网络中的边权重隐私保护做了相关工作,但仍存在一些问题,比如只能保持部分节点对之间的最短路径不变,或者改变了网络的拓扑结构等。本章的研究内容是基于差分隐私技术扰动边权重且不改变网络拓扑结构,可以有效提高发布数据的精度和可用性。针对特定的应用场景,社会网络中存在一部分边具有相同的权重值,提出将边权重序列视为一个无归属直方图,并进行等值合并后再添加拉普拉斯噪声,此处仅产生一种噪声误差。然而,简单的合并可能会由于噪声自身的量级泄露某些信息,提出关于组间 K – 不可区分的定义来进一步保证差分隐私。为了更好地保持大部分最短路径不变,依据权重序列的初始次序进行一致性处理。在扰动算法中,网络的权重图采用三元组的表示方式,添加的噪声量依据查询序列的敏感度,同时计算推导出所引入的误差量。最后,在合成数据集和真实数据集上进行仿真实验测试误差,总结本章的工作并指出进一步的研究方向。

3.2　权重图表示

一个具体的网络通常抽象为图结构,如果图中的每条边都带有一个权重值,则称这个网络为加权网络,可以表示为一个权重图 $G = (V, E, W)$,如图 3.1(a)所示。其中,V 代表节点集,E 代表边集,W 代表权重集,并且 $\forall e_{ij} \in E$,$\exists w_{ij} \in W$。若图 G 为连通图,则任意节点对 v_i, v_j 之间都存在至少一条连接路径。最短路径即为多条连接路径中长度最短的一条路径,全局最短路径问题是指求出图中所有的最短路径。

邻接矩阵是图的一种简单而有效的表示方法,记为 $A = (a_{ij})_{n \times n}$,如图 3.1(b)所示,当 $e_{ij} \in E$,$w_{ij} \in W$ 时,矩阵中的元素 $a_{ij} = w_{ij}$;如果 v_i, v_j 之间不存在边时,矩阵中的元素 $a_{ij} = 0$。在邻接矩阵中,如果元素 0 的数目远远多于非零元素,并且非零元素分布无规律,则称该矩阵为稀疏矩阵。三元组表示法是稀疏矩阵的常用表示方法之一,记为 (i, j, a_{ij}),如图 3.1(c)所示,表示存储每一个非零元素的行号、列标与值。

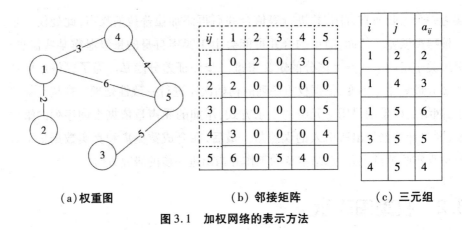

（a）权重图　　　　　　（b）邻接矩阵　　　　　　（c）三元组

图 3.1　加权网络的表示方法

　　传统的直方图采用分箱技术。这是一种流行的数据规约方式,用于近似数据的分布。该方法把范围属性划分到不相交的子集或桶,对于一个给定的属性通常是连续的间隔,然后计算每一个特定范围内的计数查询。与之不同,在无归属直方图中,每一个桶仅代表单一的属性值,即单位－长度范围。一个典型的实例是网络中的度分布情况,其中每一个桶代表一个节点的度,则整个无归属直方图对应一个排序的度序列。

　　这里,首先考虑一个通信数据库 D 由记录集 (s, t) 组成,其中每条记录代表两个地址之间的一次通信,每当一次通信发生时,一条记录就会加入到数据库中。其次,将这个数据库转换为一个多重图,如果相同的记录 (s, t) 出现 W 次,则图中节点 s 与 t 之间有 W 条边。最后,将这个多重图转换为一个权重图,其中的边权重就是两节点之间边的数目 W。由此,将每一个边权重看作是一个桶,桶的计数即为边的次数,边权重序列即为一个无归属直方图,如图 3.2 所示。这样,对于边权重的差分隐私保护可以基于直方图来执行,而直方图是数据发布中最常见的一种形式。

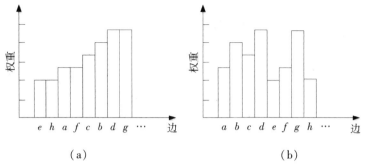

图 3.2　边权重直方图

3.3　计数查询序列

定义 3.1（全局敏感度）　设 Q 为一个计数查询序列，则 Q 的敏感度 Δ_Q 为，

$$\Delta_Q = \max_{D_1,D_2} \| Q(D_1) - Q(D_2) \|_1 \qquad (3-1)$$

根据定义，单一的计数查询有 $\Delta_Q = 1$。例如考虑一个人员数据库，其中有一个属性列指示婚姻状况。一个分析者如果查询已婚人数 x 和未婚人数 y，这个查询集 (x,y) 有 $\Delta_Q = 1$，因为添加或删除一条记录，只能改变其中一个输出并且值为 1。如果他同时查询总人数 z，则查询集 (x,y,z) 有 $\Delta_Q = 2$，因为一条记录的改变影响两个输出，并且每个值都为 1。当然，第二个查询中存在约束条件 $z = x + y$，据此也可以寻求一致性解决方案来提高结果的精度。

定理 3.1（拉普拉斯机制）　设 Q 为一个长度为 d 的查询序列，随机算法 M 以数据库 D 为输入，且输出如下向量，则满足 $\varepsilon -$ 差分隐私。

$$M(D) = Q(D) + < \text{Lap}(\Delta_Q/\varepsilon) >^d \qquad (3-2)$$

其中，$< \text{Lap}(\Delta_Q/\varepsilon) >^d$ 代表一个 d 长度的向量且独立同分布，且采样于服从尺度参数为 Δ_Q/ε 的拉普拉斯分布。

添加拉普拉斯噪声而引起的两种误差计算公式如下：

$$\text{error}_1 = E \left| \text{Lap}\left(\frac{\Delta f}{\varepsilon}\right) \right| = \frac{\sqrt{2}\Delta f}{\varepsilon} \qquad (3-3)$$

$$\text{error}_2 = E\left\{ \left[\text{Lap}\left(\frac{\Delta f}{\varepsilon}\right) \right]^2 \right\} = \frac{2(\Delta f)^2}{\varepsilon^2} \qquad (3-4)$$

3.4　边权重的扰动策略

为了评估和量化由添加噪声所带来的误差,使用平方误差来计算这种可能的随机性的期望值,根据如下定义可以进一步推导具体扰动策略中引入的误差量。

定义 3.2(噪声误差)　对于一个原始的边权重序列 S 及其噪声序列 S^*,引入的误差 Error (S^*) 定义为 $E\left[\sum_{i=1}^{n}(S^*_i-S_i)^2\right]$,其中 n 为序列长度。

3.4.1　Lap 策略

为了实现边权重上的差分隐私保护,最简单的策略称为 Lap 策略,是指不经任何处理直接添加拉普拉斯噪声。定理 3.2 给出了边权重序列的全局敏感度,在算法 3.1 中具体依据此值为边权重添加拉普拉斯噪声。

定理 3.2　边权重序列 S 的全局敏感度 $\Delta_Q = W_{\max} - W_{\min}$,其中,$W_{\max}$ 为边权重的最大值,$W_{\min}$ 为边权重的最小值。

证明　给定一个图 G_1,与邻居图 G_2 相差至多一个边权重,则边权重序列 S 只有一个值变化,并且至多改变 $W_{\max} - W_{\min}$,其他所有值均保持不变。根据定义 1.3,边权重序列 S 有 $\Delta_Q = W_{\max} - W_{\min}$。为简单起见,$W_{\max} - W_{\min}$ 被表示为 Δ_W。

如果从最初权重图形成的角度来考虑问题,边权重实质上是无归属直方图中的一个统计计数。给定数据库 D_1,可以通过插入或删除 Δ_W 条记录来获得邻居数据库 D_2,由于是保护每条边上的权重,记录数被限定为权重的取值范围。即使两个边权重序列之间会出现一些统计计数不同,但累计相差仍为 Δ_W,根据定义 3.1,边权重序列 S 的敏感度为 Δ_W。基于定理 3.1,所添加的噪声尺度为 Δ_W/ε,即每个边权重应该加入噪声 Lap (Δ_W/ε)。该策略中的误差计算如下:

$$\text{Error}(S^*) = E\left[\sum_{i=1}^{n}(S^*_i-S_i)^2\right] = E\left\{n*\left[\text{Lap}\left(\frac{\Delta_W}{\varepsilon}\right)\right]^2\right\}$$

$$= n*E\left[\text{Lap}\left(\frac{\Delta_W}{\varepsilon}\right)\right]^2 = n*V\left[\text{Lap}\left(\frac{\Delta_W}{\varepsilon}\right)\right]$$

$$= \frac{2n}{\varepsilon^2}(\Delta_W)^2 \tag{3-5}$$

Lap 策略的算法思想相对简单,循环遍历权重数据库,为每一个边权重添加拉普拉斯噪声,然后返回扰动后的权重数据库。

算法 3.1　Lap 策略算法

具体内容
输入:原始权重数据库 D,隐私预算 ε
输出:扰动后的权重数据库 D^*
// 数据库 D 和 D^* 均以稀疏矩阵的三元组表示法存储数据
// W 表示数据库 D 中的边权重向量,W^* 表示数据库 D^* 中的边权重向量
1.计算数据库 D 包含的边的个数 N
2. for $i = 1$ to N
3.　　noise = Lap(Δ_W/ε)
4.　　$W_i^* = W_i + \text{noise}$
5. end for
6. if min (W^*) < 0 then
7.　　$W^* = W^* - \text{min}(W^*) + 1$
8. end if
9. return D^*

在算法 3.1 中,权重数据库共包括三列数据,即三个列向量,第 1 列与第 2 列分别存储每条边两端的节点,第 3 列存储每条边的权重值,即为 W 列向量。第 3 行计算满足拉普拉斯分布的噪声 noise。第 4 行对边权重向量 W 中每条边的权重值添加噪声 noise,则生成扰动的边权重向量 W^*。第 6~8 行主要处理负权重的问题,因为没有意义也不存在负权重。如果边权重向量 W^* 的最小值小于 0,则统一调整所有的值减去最小值,即同步调整其他边权重值,而不是简单把所有的负值归零。此处,目的是不强制改变某些权重值,而是保证所有的权重值相对不变。最后结果中加 1 使得最小值非零,即 W^* 最小值设置为 1,否则,如同取消了两个节点之间的一条边。因为在此应用环境中并不改变网络图的

结构,只是扰动边的权重值。第9行返回扰动后的权重数据库 D^*,其中的边权重值均已添加噪声数据。该算法的时间复杂度为 $O(N)$,其中,N 为权重图中边的个数。

推论 3.1　Lap 策略算法满足 ε – 差分隐私。

证明　算法中向量 $W^* = W + <X_1, X_2, \cdots, X_N>$,其中,$X_i \sim \mathrm{Lap}(\Delta_W / \varepsilon)$,根据定理 3.2,$\Delta_W$ 即为向量 W 的敏感度 Δ_Q。

分析过程如下,对于任意输出 $W^* = <W_1^*, W_2^*, \cdots, W_N^*>$,

$$\Pr[W + X = W^*]$$

$$= \Pr[<W_1, W_2, \cdots, W_N> + <X_1, X_2, \cdots, X_N> = <W_1^*, W_2^*, \cdots, W_N^*>]$$

$$= \Pr[(X_1 = W_1^* - W_1) \wedge (X_2 = W_2^* - W_2) \wedge \cdots \wedge (X_N = W_N^* - W_N)]$$

$$= \prod_{i=1}^{N} \Pr[X_i = W_i^* - W_i]$$

$$= \prod_{i=1}^{N} \frac{\varepsilon}{2\Delta_W} \exp\left(\frac{-\varepsilon |W_i^* - W_i|}{\Delta_W}\right)$$

$$= \left(\frac{\varepsilon}{2\Delta_W}\right)^N \exp\left(\frac{-\varepsilon \sum_{i=1}^{N} |W_i^* - W_i|}{\Delta_W}\right)$$

$$= \left(\frac{\varepsilon}{2\Delta_W}\right)^N \exp\left(\frac{-\varepsilon \parallel W^* - W \parallel_1}{\Delta_W}\right) \tag{3-6}$$

同理,$\Pr[W' + X = W^*] = \left(\frac{\varepsilon}{2\Delta_W}\right)^N \exp\left(\frac{-\varepsilon \parallel W^* - W' \parallel_1}{\Delta_W}\right)$,

$$\frac{\Pr[W + X = W^*]}{\Pr[W' + X = W^*]} = \frac{\exp\left(\dfrac{-\varepsilon \parallel W^* - W \parallel_1}{\Delta_W}\right)}{\exp\left(\dfrac{-\varepsilon \parallel W^* - W' \parallel_1}{\Delta_W}\right)}$$

$$= \exp\left[\frac{\varepsilon(\parallel W^* - W' \parallel_1 - \parallel W^* - W \parallel_1)}{\Delta_W}\right]$$

$$\leq \exp\left[\frac{\varepsilon(\parallel W - W' \parallel_1)}{\Delta_W}\right]$$

$$\leq \exp\varepsilon \tag{3-7}$$

综上分析,Lap 策略算法满足 ε – 差分隐私。

3.4.2　MB – CI 策略

本章提出一个新的策略 MB – CI(merging barrels and consistency inference)，具体包括两个关键的步骤即合并桶和一致性处理。该策略的出发点是将边权重序列视为一个无归属直方图，添加噪声之前进行等值合并后再进行一致性处理。因此，只需添加更少的噪声实现边权重上的差分隐私保护，并且针对发布网络数据的全局可用性，能够保持更多的最短路径不变。

（1）合并桶

考虑到在社会网络尤其是大型网络中，会有一部分边甚至许多边具有相同的权重值，则将边权重序列视为一个无归属直方图，可以把相同计数的桶合并为一个组以减少所需添加的噪声量，如图 3.2(b)所示。这种合并的方式没有引入直方图的构造误差，主要是由于每一个桶的值在合并之后没有改变。然后对每一个合并的桶就可以添加更少的噪声量，定理 3.3 给出了合并桶所需添加的噪声量，在算法 3.2 中具体依据此值为合并桶添加拉普拉斯噪声。

定理 3.3　每一个合并桶所需添加的噪声量为 $\text{Lap}\left[\Delta_W/(C*\varepsilon)\right]$，其中，$C$ 为合并桶的个数。

证明　给定一个图 G_1，与邻居图 G_2 相差至多一个边权重，则至多影响一个组的值为 Δ_W，从而影响组中每一个桶的值为 Δ_W/C，因此，添加到每一个合并桶的噪声为 $\text{Lap}\left[\Delta_W/(C*\varepsilon)\right]$。

同样，从另外一个角度来考虑问题，在最坏的情况下，所有插入或者删除的记录都属于同一个组，则仅会影响到这个组的值加或减 Δ_W，从而组中每一个桶的值加或减 Δ_W/C，即添加到每一个合并桶的噪声量为 $\text{Lap}\left[\Delta_W/(C*\varepsilon)\right]$。其余未合并的桶仍需添加噪声量 $\text{Lap}(\Delta_W/\varepsilon)$，如同 Lap 策略一样。

该策略的误差计算如下：设给定 n 个权重值合并到 m 个组中，且 $m \leqslant n$，第 1 个组有 n_1 个值，依次类推，第 m 个组有 n_m 个值，则有 $n_1 + n_2 + \cdots + n_m = n$。

$$
\begin{aligned}
&\text{Error}\left(S^*\right)\\
&= E\left[\sum_{i=1}^{n}\left(S_i^* - S_i\right)^2\right]\\
&= E\left[\sum_{i=1}^{n_1}\left(S_i^* - S_i\right)^2 + \sum_{i=1}^{n_2}\left(S_i^* - S_i\right)^2 + \cdots + \sum_{i=1}^{n_m}\left(S_i^* - S_i\right)^2\right]
\end{aligned}
$$

$$= E\left\{ n_1\left[\text{Lap}\left(\frac{\Delta_W}{n_1\varepsilon}\right)\right]^2 + n_2\left[\text{Lap}\left(\frac{\Delta_W}{n_2\varepsilon}\right)\right]^2 + \cdots + n_m\left[\text{Lap}\left(\frac{\Delta_W}{n_m\varepsilon}\right)\right]^2\right\}$$

$$= n_1 E\left[\text{Lap}\left(\frac{\Delta_W}{n_1\varepsilon}\right)\right]^2 + n_2 E\left[\text{Lap}\left(\frac{\Delta_W}{n_2\varepsilon}\right)\right]^2 + \cdots + n_m E\left[\text{Lap}\left(\frac{\Delta_W}{n_m\varepsilon}\right)\right]^2$$

$$= n_1 V\left[\text{Lap}\left(\frac{\Delta_W}{n_1\varepsilon}\right)\right] + n_2 V\left[\text{Lap}\left(\frac{\Delta_W}{n_2\varepsilon}\right)\right] + \cdots + n_m V\left[\text{Lap}\left(\frac{\Delta_W}{n_m\varepsilon}\right)\right]$$

$$= \left(\frac{2}{n_1\varepsilon^2} + \frac{2}{n_2\varepsilon^2} + \cdots + \frac{2}{n_m\varepsilon^2}\right)\Delta_W^2 = \frac{2}{\varepsilon^2}\left(\frac{1}{n_1} + \frac{1}{n_2} + \cdots + \frac{1}{n_m}\right)\Delta_W^2$$

$$\ll \frac{2m}{\varepsilon^2}\Delta_W^2 \leqslant \frac{2n}{\varepsilon^2}\Delta_W^2 \tag{3-8}$$

算法 3.2　MB - CI 算法

具体内容

输入：原始权重数据库 D，隐私预算 ε，限制参数 k

输出：扰动后的权重数据库 D^*

1. 扫描数据库 D，计算 $C_i = \text{Count}(W_i)$，$K_i = \text{Count}(C_i)$，$O_i = \text{Sort}(W_i)$

2. 将 ε 拆分为 ε_1 和 ε_2 两部分

3. 计算数据库 D 包含的边的个数 N

4. for $i = 1$ to N

5.　　$K_i^* = K_i + \text{Lap}(4/\varepsilon_1)$

6. end for

7. for $i = 1$ to N

8.　　if $K_i^* >= k$ then

9.　　　　$W_i^* = W_i + \text{Lap}\left[\Delta_W/(C_i\varepsilon_2)\right]$

10.　　else

11.　　　　$W_i^* = W_i + \text{Lap}(\Delta_W/\varepsilon_2)$

12.　　end if

13. end for

14. if $\min(W^*) < 0$ then

15.　　$W^* = W^* - \min(W^*) + 1$

16. end if

续表

具体内容
17. for $i = 1$ to N
18.　　　$P_i^* = W^*(O_i)$
19. end for
20. while $i < N$
21.　　　$j = i + 1$
22.　　　while $j < N$
23.　　　　　if　$M[i, j-1] < P_{i-1}^*$ or $M[i, j-1] > P_j^*$ then
24.　　　　　　　$j = j + 1$
25.　　　　　else
26.　　　　　　　$P_i^* \sim P_{j-1}^* \leftarrow M[i, j-1]$
27.　　　　　end if
28.　　　end while
29.　　　$i = j$
30. end while
31. for $i = 1$ to N
32.　　　$W^*(O_i) = P_i^*$
33. end for
34. return D^*

在算法 3.2 中,第 1 行扫描一次数据库并计算三个向量 C, K 和 O。C 中的每个元素 C_i 计算对应的 W_i 的计数,这也是相同计数的桶的数目。K 中的每个元素 K_i 计算对应的 C_i 的计数,主要用来评估是否进行合并操作。O 中的每个元素 O_i 存储对应的 W_i 在初始次序中的索引。第 2 行对隐私预算 ε 进行分配,ε_1 用于计数 K 添加噪声量,ε_2 用于边权重添加噪声量。第 4 ~ 6 行为每一个 K_i 添加噪声量 $\mathrm{Lap}(4/\varepsilon_1)$,目的是随机选择可合并的分组。如果直接使用 K 值进行合并分组,可能会产生一定的隐私泄露。第 7 ~ 13 行为每一个权重添加拉普拉斯噪声,此处需要测试是否满足组间 K – 不可区分的条件。具体来说,如果满足条件则合并桶,添加噪声量为 $\mathrm{Lap}[\Delta_W/(C_i\varepsilon_2)]$;否则仍然添加噪声量

$Lap(\Delta_w / \varepsilon_2)$,相当于没有合并。

第14~16行主要处理负权重的问题,同算法3.1。第17~19行中生成一个向量 P^*,存储对应索引的噪声权重值,即保存初始边权重向量排序后的噪声值,显然 P^* 应该满足初始的次序以保证一致性。第20~30行基于 min - max 公式的思想,并采用非递归编程来进行一致性处理。具体来说,如果当前值不满足条件,即比前一个值小或者比后一个值大,则继续向后合并,同时计算平均值;否则,此次循环中每个元素的取值被指定为平均值,即使用平均值更新当前值。第31~33行重置处理之后的噪声权重值,即更新噪声扰动后的边权重向量 W^*。第34行返回扰动之后的权重数据库 D^*。该算法的时间复杂度为 $O(N^2)$,其中最费时的计算是进行一致性处理的过程。

(2)组间 K - 不可区分

如果简单地把相同计数的桶合并为一个组可能会侵犯隐私,因为噪声的量级本身也会泄露某些信息。类比于 k - 匿名方法,如果每一个个体的信息不能区分于其他至少 $k-1$ 个个体,则所发布的数据集提供 k - 匿名保护。本章提出组间 K - 不可区分的概念来保证这些组中添加相同量的噪声,也就是说,仅从噪声量的角度来分析这些组是不可区分的。实际上,该策略在合并阶段进行了折中处理,当各组之间满足 K - 不可区分时进行合并,否则不做合并。因此,该策略是在合并阶段把相同计数的桶合并为一个组,同时保证组间 K - 不可区分。

定义 3.3(k - 匿名)   如果在数据集中存在至少 k 条记录共享准标识符的每一个组合,其中 $k>1$,则称这个数据集满足 k - 匿名。

定义 3.4(组间 K - 不可区分)   对于 $K \geq 1$,如果拥有相同数量的桶的分组的数目大于或等于 K,则称为满足组间 K - 不可区分。

例如,有一个简单的权重图,权重范围被限定在 1~25 之间,如图 3.3 所示。其中,$W_{1,2} = W_{2,3} = 6, W_{4,5} = W_{5,6} = 10$,其他权重互不相同。如果设置 $K=2$,可以合并 $W_{1,2}$ 和 $W_{2,3}$ 到组 g_1 中,$W_{4,5}$ 和 $W_{5,6}$ 到组 g_2 中。因此,存在两个合并的组,并且 $W_{1,2}, W_{2,3}$ 和 $W_{4,5}, W_{5,6}$ 添加噪声量 $Lap(12/\varepsilon)$。如果设置 $K=3$,则没有合并的组,添加到每个权重的噪声量是 $Lap(24/\varepsilon)$。假设在图 3.3 中,$W_{2,5}$ 的值是 13 而不是 5,则 $W_{2,5} = W_{3,5} = 13$。那么,当 $K=2$ 或 3 时,这两种情况都会有三个合并的组,而对于更大的 K 值不会再有合并的组。

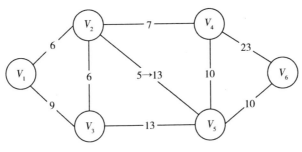

图 3.3　一个简单的权重图 G

（3）一致性处理

作为一个重要的后置处理阶段,再依据权重序列的初始次序进行一致性处理,使得扰动之后的序列能够保持原始权重的变化趋势,即每一个噪声权重仍处于序列中的初始位置,假设使用降序排列,经处理后能够保证权重序列中的任意值不大于前一个权重值。直观来看,最短路径将不会轻易绕到其他的路径而是倾向于保持不变。此外,这个处理过程只是基于已知的次序,并没有再次访问原始数据库,因此不存在隐私泄露的问题。一致性处理是保序回归的一个实例,Barlow 等人具体给出了 min – max 公式,该公式是保序回归的一种实现方法。

定理 3.4（min – max 公式）　设 $M[i,j]$ 是从下标 i 到下标 j 的元素的平均值,$L_k = \min_{j \in [k,n]} \max_{i \in [1,j]} M[i,j]$,$U_k = \max_{i \in [1,k]} \min_{j \in [i,n]} M[i,j]$,则最小 L_2 解决方案是唯一的,并且有 $L_k = U_k$。

在文献[173]中,Hay 等人深入分析了关于一致性处理引入的误差问题,从理论推导得到的结论是一致性处理几乎不损坏精度,进一步的实验结果也表明一致性处理确实可以明显提高精度。因此,该策略对扰动后的边权重序列进行一致性处理,目的是进一步提高结果的精度。

3.4.3　MB – CI 算法

MB – CI 算法的计算流程共分为三个步骤,各个阶段计算的数据如图 3.4 所示,首先进行向量初始化,分别计算相同边权重计数 C、相同计数 C 的计数 K,以及初始边权重向量的索引 O,再以限制参数 k 进行条件判断,并为各个边权重添加拉普拉斯噪声,最后依据 min - max 公式进行一致性处理。定理 3.5 给出了向量 K 的全局敏感度,在算法 3.2 中具体依据此值为计数 K 添加拉普拉斯噪声。

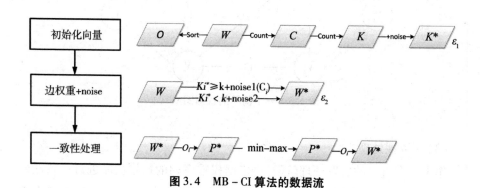

图 3.4　MB - CI 算法的数据流

定理 3.5　向量 K 的全局敏感度 $\Delta_Q = 4$。

证明　给定一个权重图 G_1 及其邻居图 G_2(相差至多一个边权重),则向量 W 只有一个值发生变化,其他值保持不变。向量 C 存储对应 W_i 的计数,则有 2 个值发生变化,一个值加 1、另一个值减 1。向量 K 存储对应 C_i 的计数,则共有 4 个值发生变化,或者加 1,或者减 1。因此,根据定义 3.1,向量 K 的敏感度为 4。

推论 3.2　MB - CI 算法满足 ε - 差分隐私。

证明　在算法 3.2 中隐私预算分为 ε_1 和 ε_2 两个部分,第 5 行消耗隐私预算 ε_1,依据定理 3.5 为计数 K 添加拉普拉斯噪声,即随机选择可以合并的分组。第 9 行或者第 11 行消耗隐私预算 ε_2,分别依据定理 3.3 或定理 3.2,以及定理 1.2(并行组合性)为权重值添加拉普拉斯噪声。此外,其余各行不再产生额外的隐私预算,依据定理 1.1 (序列组合性),MB - CI 算法满足 ε - 差分隐私。

3.5　仿真实验

在这一部分,主要对 Lap 策略与 MB - CI 策略进行分析评估。最短路径是全局可用性的一个重要度量指标,虽然计算最短路径的代价非常大,但为了进行更全面的评估,实验中选择测试任意节点对之间的最短路径。

3.5.1　评估的度量指标

分别从两个方面评估权重值的扰动策略:精度和可用性。使用 ARE(平均相对误差)来测试由添加噪声所带来的精度损失;使用 KSP(保持最短路径)来衡量不变最短路径所占的比例。

(1) WARE 是所有边权重的平均相对误差。该值越小,精度越高。

$$\text{WARE} = \left(\sum_{i=1}^{N} |W_i^* - W_i| \right) / N \tag{3-9}$$

(2) KSP 是不变最短路径所占的比例。N_P 是所有可达最短路径的数目, $N_{P'}$ 是所有不变最短路径的数目。该值越大,越多的最短路径不变,可用性越好。

$$\text{KSP} = N_{P'} / N_P \tag{3-10}$$

(3) LARE 是所有不变最短路径的平均相对误差。由于比较不同路径的长度没有意义,所以这里没有考虑变化的最短路径。

$$\text{LARE} = \left(\sum_{i=1}^{N_{P'}} |L_i^* - L_i| \right) / N_{P'} \tag{3-11}$$

3.5.2　实验数据及参数设置

实验测试时使用三个数据集,如表 3.1 所示,其中前两个合成数据集均是使用 BA(Barabási - Albert)模型生成的无标度网络。第一个数据集在初始状态有 5 个全连接节点,每增加一个新节点同时关联 5 条边,直到网络增长到 1000 个节点。同理可以得到第二个数据集,其中包括 2000 个节点。另一个是真实数据集 CA - GrQc(关于广义相对论范畴的协作网络)。如果两个作者合著至少一篇论文,则他们之间连接有一条边。在实验中为每条边随机分配权重,暂时忽略其语义。

表 3.1　实验数据集

数据集	类型	节点数	边数	权重范围
BA1	无向图	1000	4967	100 ~ 600
BA2	无向图	2000	9966	100 ~ 800
CA - GrQc	无向图	5242	14496	100 ~ 800

实验环境：Intel© Core™ i7 – 6700 CPU @ 3.40 GHz，24 G 内存，Windows 10 操作系统，所有算法均是在 Matlab R2014a 中执行的。MB – CI 策略主要包括两个阶段：合并桶阶段，简称 MB；一致性处理阶段，简称 CI。为了测试两个阶段各自的效果，先进行拆分，然后再与 Lap 策略进行对比分析。MB 策略是指合并相同计数的桶，同时满足组间 K – 不可区分，然后对每个桶添加拉普拉斯噪声。Lap – CI 策略是基于 Lap 策略添加噪声后进行一致性处理，整个过程中不进行合并操作。考虑到特殊情况，在一致性处理过程中，最后一组也许不附和次序，在实验中可从后往前再重新调整一次整个处理过程。

在实验中，设置预算 ε 的取值在 1 ~ 50 之间，具体分配比例为 2 : 8，即 $\varepsilon_1 = 0.2\varepsilon$，$\varepsilon_2 = 0.8\varepsilon$。相对大的取值是用于平衡隐私与数据可用性之间的关系。边权重值的取值范围相对也很大。实际上，ε 取值超过 10 之后，在应用中几乎不能再提供任何隐私保护。这里设置范围主要是为了在真实社会网络中能够进行算法的性能分析。

3.5.3　实验结果及分析

首先，测试不同 K 值下 MB 策略与 Lap 策略相对比的误差，结果如图 3.5 ~ 3.7 所示。其中，K 统一取三个不同的值，分别是 1，5，10。总体误差随着 ε 增加而减小，越大的 ε 值所需添加的噪声量越少。Lap 策略的误差相对是最大的，因为其中没有合并桶操作。当 $K = 1$ 时，意味着所有相同计数的桶无条件合并，此时合并桶的数目是最多的，误差也是最小的。如果 K 值越大，即限制条件越严格，也许会有更多相同计数的桶不能被合并。因此，当 K 取其他两个值时，误差介于二者之间，但是误差曲线不平滑，这主要是取决于不合并桶的比例。

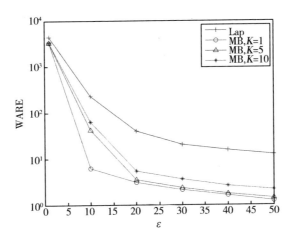

图 3.5　BA1 的 WARE 误差结果

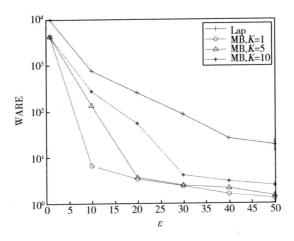

图 3.6　BA2 的 WARE 误差结果

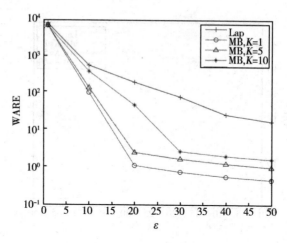

图 3.7　CA – GrQc 的 WARE 误差结果

　　其次,测试一致性处理引入的误差量,结果如图 3.8 ~ 3.10 所示,其中 MB 策略中统一设置 $K = 5$。对于 BA1 小数据集,一致性处理有效地减小了误差量。与 Lap 策略相比,对于两个较大的数据集,当 ε 取值范围在 30 以内时,Lap – CI 策略没有改变引入的误差量;当 ε 取值超过 30 之后,Lap – CI 策略可以有效地减小误差。与 MB 策略相比,对于 BA2 中数据集,当 ε 取值超过 20 之后,MB – CI 策略可以有效地减小误差;但对于 CA – GrQc 大数据集,当 ε 取值超过 10 之后,MB – CI 策略确实增加了一些误差。这主要是由于在大数据集中,一致性处理需要处理更多的数据,并且在 MB 策略中的误差已经很小,因此可能就会引入额外的一些误差。总的来说,没有因为一致性处理而带来更多的误差,这点与文献[173]中的理论分析一致。

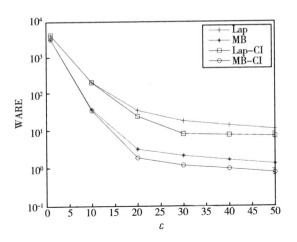

图 3.8 BA1 的 WARE 误差结果 $(K=5)$

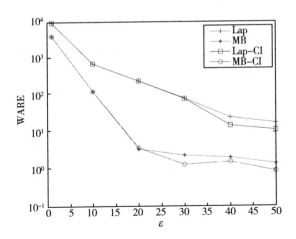

图 3.9 BA2 的 WARE 误差结果 $(K=5)$

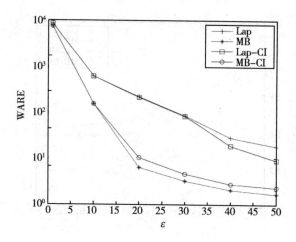

图 3.10 CA - GrQc 的 WARE 误差结果($K = 5$)

最后,主要测试最短路径的改变情况,结果如图 3.11 ~ 3.13 所示。随着 ε 的增加,更多的最短路径将会保持不变。显然,与 Lap 策略相比,MB 策略能够更好地保护最短路径。MB - CI 策略比 MB 策略效果稍好一点,由于当 ε 大于 20 时,MB 策略已经保持近 90% 的最短路径不变。而当 ε 大于 20 时,Lap - CI 策略的效果要比 Lap 策略好很多。进一步评估所有不变最短路径的误差,结果如图 3.14 ~ 3.16 所示。从结果可以看出,这些误差曲线的趋势与前面的分析结果是一致的。总体来说,一致性处理可以进一步提高不变最短路径所占的比例,并且有效减小误差。最终的结论是相比于 Lap 策略,所提出的 MB - CI 策略获得了更好的数据精度与可用性。

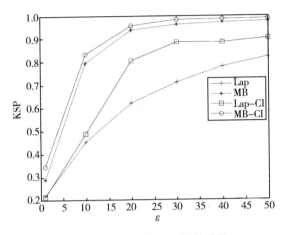

图 3.11 BA1 的 KSP 评估结果

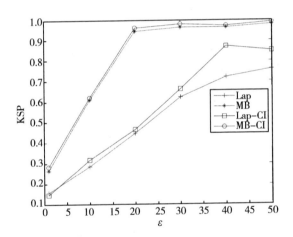

图 3.12 BA2 的 KSP 评估结果

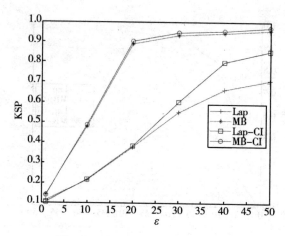

图 3.13   CA – GrQc 的 KSP 评估结果

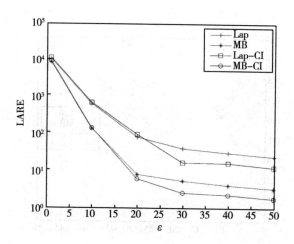

图 3.14   BA1 的 LARE 误差结果

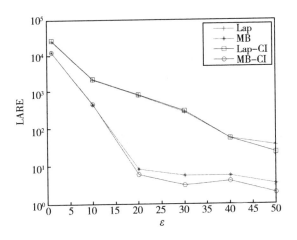

图 3.15　BA2 的 LARE 误差结果

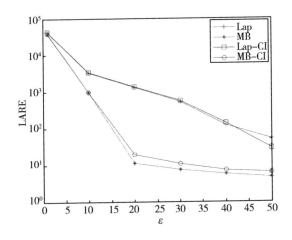

图 3.16　CA – GrQc 的 LARE 误差结果

3.6　本章小结

在本章中,主要提出了 MB – CI 策略来保护发布社会网络中的边权重信息。该方法的出发点是将边权重序列视为一个无归属直方图,并且把相同计数的桶合并为一个组,同时保证组间 K – 不可区分。然后,为每一个边权重添加拉普拉斯噪声，并且依据序列的初始次序进行一致性处理。经过误差公式的推导分析，相比于 Lap 策略，该策略有效地减小了由添加噪声所带来的误差。实验结果也表明，该策略有效地提高了所发布数据的精度和可用性，能够保持大部分的最短路径不变，即保证了发布网络图关于全局可用性的一个重要指标。

　　然而，根据最初的关于权重图的形成来分析，这里处理的边权重是整数值，而并非连续的数值，可以考虑将数据集进一步推广到实数领域。在社会网络中，两个节点之间边的存在与否也被视为一种敏感信息，下一步研究的目标可以考虑实现边－差分隐私，同时扰动网络的拓扑结构以隐藏用户之间的关系。此外，许多现实的应用中要求更高级别的用户级隐私，而不是记录级隐私，所以可以考虑进一步扩展该方法以提供更强的隐私保护。

第 4 章　面向网络信息统计的边 – 差分隐私保护方法

为了提供社会网络中关于群体之间的行为信息或簇之间的模式信息,本章主要研究发布各个社区聚集系数的直方图分布情况。在此发布场景中,图中任意两点之间边的存在与否被视为敏感信息,所提出的解决方案满足边 – 差分隐私。该方法具体包括两个步骤,第一步是使用指数机制改进社区划分算法进行社区划分,第二步是基于社区划分结果发布噪声直方图。

4.1　引言

对于社会网络中某些定性和定量特征的认识,已成为互联网时代科学研究中的一个重要挑战。复杂网络统计是统计学研究中的一个重要领域,关于复杂网络的研究内容及基本度量包括很多方面。例如,使用三角形计数或其他简单的子图可以描述一个图的连通性;各种子图计数也是图分析中的核心数据,或是随机图模型的参数;聚集系数是社会凝聚力的反映,可以衡量图中的节点是否倾向于聚集在一起;在社区发现中检测到的社区,可以帮助研究复杂网络的组织和功能等。

关于图的一些度量的发布可能会侵犯网络中的个人隐私,比如推测出某些节点之间的连接关系,针对这一问题相关研究已经提出了一些算法。差分隐私技术,最初是用于在交互式环境中保护查询的输出。Karwa 等人提出了差分隐私保护的方法:分别发布 k – 星计数和 k – 三角形计数,一个 k – 星子图中有一个中心节点连接其他 k 个节点,一个 k – 三角形子图表示共有 k 个三角形共用一条边,两种方法分别是基于平滑敏感度和一种高阶的局部敏感度来计算噪声的量级。Shoaran 等人提出了利用零 – 知识隐私的方法来发布一种基于组的三角形度量,具体是指实际三角形的数量与所有可能三角形的数量的比值,其中所有三角形的节点是属于不同的分组。

Task 等人提出了划分隐私的概念,该方法是在小的社会群体而不是个人层面上提供更广泛的隐私保护。文中以直方图的形式发布了各种有关图的度量,例如,三角形密度、平均最短路径长度和子图计数等。这里需要指出的是,实验是在一组图的集合上进行的,而不是一个单独的大型网络。Mülle 等人提出了一种方法,对邻接矩阵的操作进行输入图的扰动,该方法是边采样和边翻转的结合,本质上是一种边随机化方法,然后再将图聚类算法直接应用于扰动图进行社区划分。Nguyen 等人提出了差分隐私保护下探测社区结构的方法,文中具体给出了两种方案,分别是输入扰动和算法扰动。第一种方案:首先利用高通滤波技术建立一个加入噪声的加权超图,然后在超图上直接运行原始的 LM(Louvain method)算法,该算法是社区发现中最常用的方法之一。第二种方案:为了以满足差分隐私的方式进行启发式内聚群的探测,提出了一种分裂式算法 ModDivisive,具体使用 MCMC(Markov chain Monte Carlo)方法通过一系列的局部转换来模拟实现指数机制,其中模块度作为一个评分函数,文中给出了其全局敏感度的计算公式。

综上所述,现有文献的研究内容主要是发布三角形相关的度量值,本章主要考虑图的聚集系数这一度量指标,用来衡量网络中节点之间相互关联的紧密程度,具体提出一种新的方式——在差分隐私保护下发布社区间聚集系数的分布。该方式比发布整个网络的平均聚集系数更有意义,因为可以提供更多关于群体之间行为的信息,或者说社会网络中群体之间的模式信息。由于统计社会网络中各个社区的聚集系数,在发布数据之前需要进行社区划分,本章使用指数机制改进 LM 算法进行差分隐私保护下的社区划分。本章的主要内容是基于边 – 差分隐私,即在发布数据的过程中保护边隐私。LM 算法是基于模块度优化的启发式方法,在使用指数机制改进的过程中,提出模块度绝对增益代替相对增益的计算。整个发布过程具体包括两个算法,即隐私保护的社区划分算法及聚集系数的噪声直方图发布算法。最后,在真实数据集上进行仿真实验并对比分析隐私的方法与非隐私的方法,总结本章的工作并指出进一步的研究方向。

4.2　边 – 差分隐私

　　为了扩展差分隐私的应用领域,在差分隐私的基础上提出新的隐私定义是对差分隐私定义的完善与延伸。Michael 等人通过改编差分隐私的定义将其应用到网络图中,具体包括边 – 差分隐私、节点 – 差分隐私和 k 边 – 差分隐私。满足边 – 差分隐私的算法,保护节点之间的边信息不泄露,也就是掩盖任意两个节点之间的关系。满足节点 – 差分隐私的算法,保护单个节点信息不泄露,也就是隐藏任意参与者的存在,显然是一种更强的隐私保护。而 k 边 – 差分隐私的保护范畴,是介于边 – 差分隐私和节点 – 差分隐私之间的。在 k 边 – 差分隐私中,当 $k=1$ 时,相当于边 – 差分隐私;当 $k=|V|$ 时,则是比节点 – 差分隐私更强的定义。Christine 等人针对网络图中的应用提出两个新的差分隐私的定义,分别为出边 – 差分隐私和划分 – 差分隐私。基于出边 – 差分隐私的定义,其只是保护贡献者的信息,而不是所有参与者;基于划分 – 差分隐私的定义,其保护单个不相交子图的信息,而且每个个体的变化只影响其所在的划分。

　　差分隐私对于图的改编主要取决于邻居图的定义。对于边 – 差分隐私,如果 G 和 G' 是邻居图,则有 $|V \oplus V'| + |E \oplus E'| = 1$。即给定一个图 G,一个邻居图 G',可以通过添加或删除一条边,或者添加或删除一个孤立的节点而生成。其中,限制一个孤立节点的目的是使节点集的变化不会带来对于边集的额外的改变。对于节点 – 差分隐私,如果 G 和 G' 是邻居图,则有 $|V \oplus V'| = 1$,$|E \oplus E'| = \{(u,v) \,|\, u \in (V \oplus V') \text{ 或 } v \in (V \oplus V')\}$。即图 G 与邻居图 G' 相差至多一个节点及其所有关联的边。

　　差分隐私保护的实现主要采用随机化技术,其中一种实现机制是指数机制,该机制主要是针对非数值型数据。根据定义 1.6 可知,更高的分数意味着被选中的概率更大。指数机制适用于离散的输出,该机制能够保证以差分隐私的方式来选取每一个输出结果。

4.3　Louvain 方法

　　社区发现是指将一个网络划分为多个由紧密节点连接组成的社区,而不同社区中的节点之间连接相对松散。LM 算法是一种基于模块度优化的启发式方法,用于实现社区发现的任务,该算法可以在短时间内发现高质量的划分,并且可以为大型网络展现完整的层次社区结构。

LM 算法在每次执行中分为两个阶段:第一阶段优化模块度,直到达到局部最大值;第二阶段聚合社区,构建一个新的加权网络。整个执行过程通过重复的迭代以达到最终的划分,即层次结构的顶层。该算法的执行过程如图 4.1 所示,在此例中 LM 算法共执行两次,初始网络中每一个节点被视为一个社区,即在初始划分中共有 9 个社区。然后,评估每一个节点移动到邻居社区时的模块度增益,直到达到局部最优模块度为止,此时第一阶段结束,整个网络被划分为 3 个社区且模块度为 0.3291。接下来,第二阶段构建一个新的加权网络,其中的节点是第一阶段发现的社区,新节点之间的边权重即为原社区中节点之间的边权重之和,而每个社区内部节点之间的边权重之和则构成新节点的自环。该算法继续执行下一个并构建另一个新的加权网络,此时划分网络的模块度为 0.3571,算法已结束并到达最终的划分。

(1)模块度

模块度用于度量网络社区划分的质量,也可以作为一个优化的目标函数,关于加权网络的模块度定义如下:

$$
\begin{aligned}
Q &= \frac{1}{2m} \sum_{i,j} \left(A_{ij} - \frac{k_i k_j}{2m} \right) \delta(c_i, c_j) \\
&= \frac{1}{2m} \left(\sum_{i,j} A_{ij} - \frac{\sum_i k_i \sum_j k_j}{2m} \right) \delta(c_i, c_j) \\
&= \frac{1}{2m} \sum_c \left[\sum in - \frac{\left(\sum tot \right)^2}{2m} \right]
\end{aligned}
$$

$$(4-1)$$

其中,A_{ij} 表示节点 i 和节点 j 之间的边权重;k_i 是节点 i 的邻边权重之和;m 是网络中总的边权重之和;c_i 是指节点 i 所在的社区;函数 $\delta(u,v)$:当 $u = v$ 时,值为 1,否则值为 0,$\sum in$ 代表在社区 C 中的边权重之和,$\sum tot$ 代表社区 C 中节点的邻边权重之和。

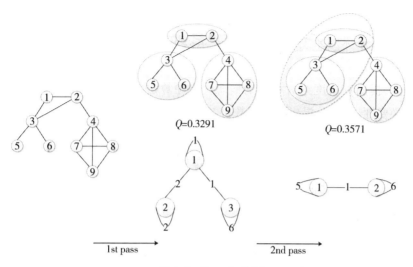

图 4.1　Louvain **方法**

（2）模块度增益

在 LM 算法中，考虑节点 i 的所有邻居节点所在的社区，通过将节点 i 移入到某个社区 C 中来计算模块度的增益。当计算的增益 $\Delta Q_1,\Delta Q_2,\Delta Q_3,\cdots$ 之中存在正值时，节点 i 就会被移入到具有最大增益的社区中，如果没有获得正的增益，节点 i 就会留在原来的社区中。该操作顺次对所有节点进行迭代重复计算，直到不再有任何节点的移动可以提高模块度为止，这样即完成算法的第一阶段即优化模块度。模块度增益的计算公式如下：

$$\Delta Q = \left[\frac{\sum \text{in} + k_{i,\text{in}}}{2m} - \left(\frac{\sum \text{tot} + k_i}{2m}\right)^2\right] - \left[\frac{\sum \text{in}}{2m} - \left(\frac{\sum \text{tot}}{2m}\right)^2 - \left(\frac{k_i}{2m}\right)^2\right]$$

$$= \frac{\sum \text{in}}{2m} + \frac{k_{i,\text{in}}}{2m} - \left(\frac{\sum \text{tot}}{2m}\right)^2 - \frac{\sum \text{tot}\Delta k_i}{2m^2} - \left(\frac{k_i}{2m}\right)^2 - \frac{\sum \text{in}}{2m} + \left(\frac{\sum \text{tot}}{2m}\right)^2 + \left(\frac{k_i}{2m}\right)^2$$

$$= \frac{k_{i,\text{in}}}{2m} - \frac{\sum \text{tot}\Delta k_i}{2m^2}$$

$$= \frac{1}{2m}\left(k_{i,\text{in}} - \frac{\sum \text{tot}\Delta k_i}{m}\right) \tag{4-2}$$

其中，$k_{i,\text{in}}$ 为节点 i 与社区 C 中节点之间的边权重之和，其他各符号与式（4-1）中的含义相同。

4.4　基于社区划分的聚集系数发布方法

首先,提出模块度绝对增益的概念代替原算法中的相对增益,并分析改进方法的必要性。其次,提出基于指数机制的网络社区划分算法(DPLM,DP Louvain method)。最后,提出基于拉普拉斯机制的发布聚集系数(DPCC,DP clustering coefficient)的直方图分布。整个方法的各个阶段所产生的数据如图 4.2所示,第一个 DPLM 算法的输出作为第二个 DPCC 算法的输入,然后进行统计计算并发布结果。

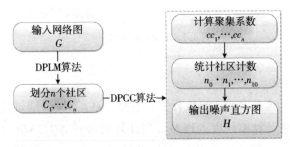

图 4.2　整个方法的数据流

4.4.1　绝对增益

在 LM 算法中模块度的增益是相对的,如图 4.3(a)所示,相对增益考虑将一个节点移入到邻居社区时的最大增益,但不考虑该节点从自己所在社区移除时带来的模块度的变化。为了简化计算,将每个节点视为一个独立的节点(不属于任何社区),则该变化可以使用增益 ΔQ_{ori} 来评估,即假设将某个节点移入到原来所在社区 C_{ori} 时的增益。

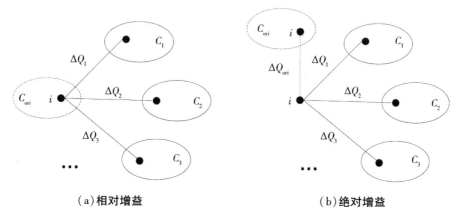

（a）相对增益　　　　　　　　　（b）绝对增益

图 4.3　模块度增益的计算

　　模块度的绝对增益是指两个增益之差 $\Delta Q - \Delta Q_{\text{ori}}$，如图 4.3（b）所示，如果这个增益之差是一个正值，则能够保证整个网络的模块度增益是绝对增加的。公式 $\Delta Q - \Delta Q_{\text{ori}} > 0$，等同于 $\Delta Q > \Delta Q_{\text{ori}}$，即 ΔQ_{ori} 是设置的一个可计算的阈值，这个简单的启发式规则对于指数机制是十分必要的。由于引入的随机性极大地增加了算法在第一阶段的迭代次数，所以该约束条件可以缩小随机选择的范围，避免了可能存在的某些节点徒劳的反复多次移动的情况。

4.4.2　DPLM 算法

　　DPLM 算法是基于 LM 算法的一种改进，是在边 − 差分隐私保护下进行网络社区的划分。改进之处在于，计算节点移入邻居社区产生的模块度绝对增益中并标记有效社区，再使用指数机制从有效社区中随机选择一个可移入的社区。定理 4.1 给出了模块度增益的全局敏感度，在算法 4.1 中具体依据此值计算随机概率用以选取一个有效社区。

　　定理 4.1　模块度增益 ΔQ 的全局敏感度 S 小于 $1/m$。

　　证明　在边 − 差分隐私中，G 和 G' 是邻居数据库时，有 $|V \oplus V'| + |E \oplus E'| = 1$，则存在以下两种情况：

　　情况 1　G' 是通过添加或删除一个孤立节点生成的。此时，根据定义，对于 ΔQ 并没有任何影响，也就是说，计算的最大变化量是 0。

　　情况 2　G' 是通过添加或删除一条边而产生的。此时，有

$$\Delta Q = \frac{1}{2m}\left(k_{i,\text{in}} - \frac{\sum \text{tot}\Delta k_i}{m}\right) = \frac{k_{i,\text{in}}}{2m} - \frac{\sum \text{tot}\Delta k_i}{2m^2} \leqslant \frac{k_{i,\text{in}}}{2m} \qquad (4-3)$$

由于添加或者删除操作是相似的,这里只考虑前者,即添加一条边时对于 ΔQ 的最大影响。而相比于其他情况,如果添加的新边是关联于社区 C 中的节点 i,那么对于 ΔQ 的影响最大。此时,关联于该边的两个节点的度各自加 1,则 $k_{i,\text{in}}$ 的值加 2,边的总数是 $m+1$。因此,ΔQ 的最大变化量是

$$\frac{k_{i,\text{in}}}{2m} = \frac{2}{2(m+1)} = \frac{1}{m+1} < \frac{1}{m} \qquad (4-4)$$

综上所述,模块度增益的全局敏感度 S 小于 $1/m$。

算法 4.1　DPLM 算法

具体内容
输入:图数据集 G,隐私预算 ε_1
输出:社区划分 $P(C_1,\cdots,C_n)$,迭代次数 t
1. do
2.　　根据式(4-1)计算当前社区划分情况下的模块度 Q
3.　　读取图数据集 G,存入矩阵 M 中
4.　　计算节点数 N,初始时,每个节点单独存在于一个社区中
5.　　for $i=1$ to N
6.　　　　Neighbor$\{i\}$ = find$(M(i,:))$
7.　　end for
8.　　gain = 1
9.　　while (gain = = 1)
10.　　　　gain = 0
11.　　　　for $i=1$ to N
12.　　　　　　找到节点 i 的所有邻居所在社区 $C_1,\cdots,C_k$
13.　　　　　　计算节点 i 移动到每个邻居社区产生的模块度增益 $\Delta Q_1,\cdots,\Delta Q_k$ 以及节点 i 移动到本身所在社区产生的模块度增益 ΔQ_{ori}
14.　　　　　　计算 k 个社区的绝对增益 $\Delta Q_j - \Delta Q_{\text{ori}}, j=1,\cdots,k$ 并将绝对增益大于 0 的社区标记为有效社区

续表

具体内容
15. 利用指数机制以概率 $P \propto \exp\left(\dfrac{\frac{\varepsilon_1 \Delta Q}{2}}{m}\right)$ 从有效社区中选择一个社区 C
16. 更新模块度计算公式中各变量值
17. if 社区 C 不同于节点 i 所在原社区
18. 将节点 i 移动到社区 C 中
19. gain = 1
20. end if
21. end for
22. 计算当前社区划分情况下的模块度 Q
23. 迭代次数 $t = t + 1$
24. end
//社区结构不再发生变化时,第一阶段结束
//第二阶段,利用社区划分结果,压缩社区
25. 将每个社区看作一个超节点,构建一个新的图数据集 G'
26. while 模块度 Q 发生改变
27. return 社区划分 $P(C_1, \cdots, C_n)$,迭代次数 t

在算法 4.1 中:第 5～7 行计算每个节点 i 的邻居节点集合。第 8 行初始化 gain 值,该变量作为判断循环是否终止的条件。第 9～24 行 while 循环中,当社区结构有变化时,即变量 gain 值为 1 时执行该循环。第 10 行设置 gain 值等于 0,如果社区结构无变化,该值即为 0。第 11～21 行中对 for 循环逐个节点进行计算测试,其中,第 14 行依据条件 $\Delta Q_j - \Delta Q_{\text{ori}} > 0$ 净化邻居社区,并标记有效社区,第 15 行基于指数机制随机选择一个有效社区,其中的评分函数是 ΔQ,其全局敏感度小于 $1/m$。第 17～20 行移动节点 i 到某个邻居社区中,并重置 gain 值等于 1。第 22 行重新计算当前网络社区划分情况下的模块度。第 23 行中迭代次数 t 累加计数 1,该值作为算法的一项输出结果。第 25 行是整个算法的第二阶段即压缩社区,构建一个新的加权网络图并进入程序的下一次执行过程,直到模块度不再发生变化。第 27 行返回具有最大模块度 Q 的社区划分结果 $P(C_1, \cdots, C_n)$,其中,n 表示划分结果中的社区总数。

该算法在第一阶段的每次迭代中需要消耗隐私预算 ε_1，在第二阶段中没有消耗任何隐私预算，类似于 LM 算法。同时，改进算法 DPLM 的时间复杂度是保持不变的，具体每次迭代中的时间复杂度是 $O(E)$，其中 E 是网络中边的数量。此处，最费时的计算是第一次迭代即社区划分中的最底层，而在几次迭代之后，网络中社区的数量会大幅度减少，所耗费的时间自然也会大幅度降低。

推论 4.1　DPLM 算法满足 ε – 差分隐私。

证明　算法中使用指数机制选取邻居社区 C 的概率正比于 $\exp\left(\dfrac{\varepsilon\Delta Q}{2}\middle/ m\right)$，也就是

$$\Pr[M(G,\Delta Q)=C]=\frac{\exp\left[\dfrac{\varepsilon\Delta Q(G,C)}{2S}\right]}{\sum\limits_{C'\in O}\exp\left[\dfrac{\varepsilon\Delta Q(G,C')}{2S}\right]} \qquad (4-5)$$

其中，ΔQ 为打分函数，根据定义 1.6，该函数的全局敏感度 $S<\dfrac{1}{m}$。

分析过程如下：对于任意两个邻居数据库 G 和 G'，以及任意输出 $C\in O$，

$$\frac{\Pr[M(G,\Delta Q)=C]}{\Pr[M(G',\Delta Q)=C]}=\frac{\dfrac{\exp\left[\dfrac{\varepsilon\Delta Q(G,C)}{2S}\right]}{\sum\limits_{C'\in O}\exp\left[\dfrac{\varepsilon\Delta Q(G,C')}{2S}\right]}}{\dfrac{\exp\left[\dfrac{\varepsilon\Delta Q(G',C)}{2S}\right]}{\sum\limits_{C'\in O}\exp\left[\dfrac{\varepsilon\Delta Q(G',C')}{2S}\right]}}$$

$$=\left\{\frac{\exp\left[\dfrac{\varepsilon\Delta Q(G,C)}{2S}\right]}{\exp\left[\dfrac{\varepsilon\Delta Q(G',C)}{2S}\right]}\right\}\cdot\left\{\frac{\sum\limits_{C'\in O}\exp\left[\dfrac{\varepsilon\Delta Q(G',C')}{2S}\right]}{\sum\limits_{C'\in O}\exp\left[\dfrac{\varepsilon\Delta Q(G,C')}{2S}\right]}\right\}$$

$$\leqslant\exp\left(\frac{\varepsilon}{2}\right)\cdot\left\{\frac{\sum\limits_{C'\in O}\exp\left(\dfrac{\varepsilon}{2}\right)\Delta\exp\left[\dfrac{\varepsilon\Delta Q(G,C')}{2S}\right]}{\sum\limits_{C'\in O}\exp\left[\dfrac{\varepsilon\Delta Q(G,C')}{2S}\right]}\right\}$$

$$\leqslant \exp\left(\frac{\varepsilon}{2}\right) \cdot \exp\left(\frac{\varepsilon}{2}\right) \cdot \left\{ \frac{\sum\limits_{C' \in O} \exp\left[\frac{\varepsilon \Delta Q(G, C')}{2S}\right]}{\sum\limits_{C' \in O} \exp\left[\frac{\varepsilon \Delta Q(G, C')}{2S}\right]} \right\}$$

$$= \exp\varepsilon \tag{4-6}$$

其中,根据定义 1.3,有

$$\frac{\exp\left[\frac{\varepsilon \Delta Q(G, C)}{2S}\right]}{\exp\left[\frac{\varepsilon \Delta Q(G', C)}{2S}\right]} = \exp\left\{ \frac{\varepsilon\left[\Delta Q(G, C) - \Delta Q(G', C)\right]}{2S} \right\} \leqslant \exp\left(\frac{\varepsilon}{2}\right)$$

$$\tag{4-7}$$

同理,根据邻居数据库的对称性,对于任意输出 C',有

$$\frac{\exp\left[\frac{\varepsilon \Delta Q(G', C')}{2S}\right]}{\exp\left[\frac{\varepsilon \Delta Q(G, C')}{2S}\right]} \leqslant \exp\left(\frac{\varepsilon}{2}\right) \tag{4-8}$$

推得,

$$\exp\left[\frac{\varepsilon \Delta Q(G', C')}{2S}\right] \leqslant \exp\left(\frac{\varepsilon}{2}\right) \cdot \exp\left[\frac{\varepsilon \Delta Q(G, C')}{2S}\right] \tag{4-9}$$

因此,代入式(4-7)和式(4-9),即可推得式(4-6),DPLM 算法满足 ε – 差分隐私。

4.4.3　聚集系数

聚集系数是用来衡量网络中节点之间相互关联的紧密程度,也是度量网络拓扑性质的一个重要指标。聚集系数的计算方法有两种:一种是全局方法,用来度量整个网络的聚集性质;另一种是局部方法,可以提供单个节点在网络中嵌入性的度量,而整个网络的聚集系数由 Watts 和 Strogatz 定义为所有节点的局部聚集系数的平均值。

(1)全局聚集系数

$$C = \frac{\text{triangles 个数}}{\text{triangles 个数} + \text{wedges 个数}} \tag{4-10}$$

其中,wedges 代表楔形图,是一个由 2 条边连接 3 个节点的链,即为开三元组。triangles 代表三角形,是一个由 3 条边连接 3 个节点的派系,即为闭三元

组。该公式的计算是基于节点三元组,即为所有三元组中闭三元组所占的比例。

(2)局部聚集系数

$$c_i = \frac{2 * |\{e_{st}\}|}{|N_i| * (|N_i| - 1)} : v_s, v_t \Delta N_i, e_{st} \in E$$

$$\bar{C} = \frac{1}{n} \sum_{i=1}^{n} c_i \qquad (4-11)$$

其中,N_i 是节点 v_i 的直接邻居节点的集合,E 是所有边的集合。c_i 是节点 v_i 的局部聚集系数,即为所有邻居节点中实际存在的边数与所有可能存在的边数的比值。c_i 越大,说明节点 v_i 邻居之间的关联越紧密,该节点在网络之中镶嵌得越好。$\bar{C}$ 是计算的平均值,即为整个网络的聚集系数。

4.4.4　DPCC 算法

DPCC 算法基于 DPLM 算法的划分结果发布噪声扰动的聚集系数直方图,其主要进行数据的统计输出,首先计算各社区聚集系数,再基于聚集系数统计社区数,然后添加拉普拉斯噪声并输出直方图。定理 4.2 给出了发布直方图的全局敏感度,在算法 4.2 中具体依据此值添加拉普拉斯噪声。

定理 4.2　发布直方图的全局敏感度为 2。

证明　如同定理 4.1 的证明,存在以下两种情况:

情况 1　G' 是通过添加或删除一个孤立节点生成的。此时,孤立节点只改变直方图中的第一桶 n_0 的计数,并且变化量为 1。

情况 2　G' 是通过添加或删除一条边而产生的。此时,该边只改变划分之后的某一个社区的聚集系数,进而使该社区转向直方图中的另一桶。也就是说,直方图中一个桶的值减 1,另一个桶的值加 1,因此直方图的总的变化量为 2。

综上所述,发布直方图的全局敏感度为 2。

算法 4.2　DPCC 算法

具体内容
输入:社区划分 $P(C_1,\cdots,C_n)$,迭代次数 t ,隐私预算 ε
输出:噪声直方图 H
1. 剩余隐私预算 $\varepsilon_2 = \varepsilon - t \cdot \varepsilon_1$
2. 计算每个社区 $C_1,\cdots,C_n$ 的聚集系数 $cc_1,\cdots,cc_n$
//聚集系数保留一位小数,以便按数值进行分组
3. 按照聚集系数的取值对社区进行计数 $n_0,n_1,\cdots,n_{10}$
//社区总数: $n = n_0 + n_1 + \cdots + n_{10}$
4. 对社区计数 $n_0,n_1\cdots,n_{10}$ 分别添加噪声 $\mathrm{Lap}(2/\varepsilon_2)$
5. 以直方图 H 的形式发布结果

在算法 4.2 中:计算剩余的隐私预算 ε_2 是 $\varepsilon - t \cdot \varepsilon_1$, ε 是整个方法中总的隐私预算,在社区划分过程中,总共消耗隐私预算 $t \cdot \varepsilon_1$,其中 t 是迭代的次数。聚集系数保留一位小数之后的取值分别为 $0,0.1,0.2,\cdots,1.0$, n_0 表示聚集系数为 0 的社区个数, n_1 表示聚集系数为 0.1 的社区个数, $\cdots$, n_{10} 表示聚集系数为 1.0 的社区个数。最后,添加噪声 $\mathrm{Lap}(2/\varepsilon_2)$ 扰动直方图并发布聚集系数的分布情况,该直方图实质上是基于聚集系数的取值进行社区数的统计。

推论 4.2　发布各社区聚集系数的全过程满足 ε – 差分隐私。

证明　整个发布过程包括两个步骤:隐私保护的社区划分和发布噪声直方图。

第一步中,根据定理 1.2(并行组合性),在每次迭代中消耗隐私预算 ε_1 ,迭代次数 t 是可计算的,再根据定理 1.1(序列组合性),隐私预算的总消耗是 $t \cdot \varepsilon_1$ 。

第二步中,根据定理 1.1（序列组合性）,计算剩余的隐私预算 ε_2 为 $\varepsilon - t \cdot \varepsilon_1$,其中, ε 为总的隐私预算,即为这两部分预算之和 $\varepsilon = t \cdot \varepsilon_1 + \varepsilon_2$ 。因此,发布各社区聚集系数的全过程满足 ε – 差分隐私。

4.5   仿真实验

在这一部分,实验共分为四项内容:第一项内容,测试指数机制中的选取概率;第二项内容,使用 1 个最小的数据集来测试对比两种增益,在引入指数机制后迭代次数的变化;第三项内容,使用 2 个小数据集来测试网络社区的划分结果;第四项内容,使用 3 个大数据集来评估两种方法,即隐私的方法与非隐私的方法,测试并发布社区间的聚集系数分布。

4.5.1   实验数据及参数设置

实验环境为:Intel© Core™ i7 – 6700 CPU @ 3.40 GHz,24 G 内存,Windows 10 操作系统,所有算法均是在 Matlab R2014a 中执行的。实验中使用 5 个真实的数据集,如表 4.1 所示。其中,前两个小数据集用作简单测试,忽略平均聚集系数;后面三个大数据集用作全面评估,包括隐私保护的社区划分,以及输出各社区间的噪声直方图。

文件 dolphins. gml 包含一个关于海豚之间频繁联系的社会网络;文件 football. gml 包含一个关于美式足球俱乐部数据的社会网络。文件 CA – GrQc. txt 包含一个关于广义相对论范畴的协作网络;文件 CA – HepTh. txt 包含一个关于高能物理理论范畴的协作网络;文件 CA – HepPh. txt 包含一个关于高能物理范畴的协作网络。在协作网络之中,每个作者都被认为是一个节点,如果两个作者共同撰写至少一篇论文,则他们之间存在一条边。

表 4.1   实验数据集

数据集	节点数	边数	平均聚集系数
Dolphins	62	159	—
Football	115	613	—
CA – GrQc	5242	14496	0.5296
CA – HepTh	9877	25998	0.4714
CA – HepPh	12008	118521	0.6115

4.5.2　实验结果及分析

（1）测试选取概率

指数机制中随机选取概率的一个实例，如表 4.2 所示。其中，第一列为随机生成的五个分数，其他五列为 ε 取不同值时各个分数被选取的概率，并且每列之和等于 1。当 $\varepsilon = 0$ 时，各个分数的选取概率均为 0.2，即等概率选取，此时分数失去意义。当 ε 为非零值时，在同一列之中若分数值越高，则被选取的概率越大。随着 ε 的增加，高分数被选取的概率也增加；相对而言，低分数被选取的概率减小。当 $\varepsilon = 0.4$ 时，最低的两个分数被选取的概率已经为 0，最高分数被选取的概率已达到 96%。

表 4.2　指数机制的概率

分数	$\varepsilon = 0$	$\varepsilon = 0.1$	$\varepsilon = 0.2$	$\varepsilon = 0.3$	$\varepsilon = 0.4$
44	0.2	0.0558	0.0068	0.0007	0.0001
12	0.2	0.0113	0.0003	0	0
38	0.2	0.0413	0.0037	0.0003	0
76	0.2	0.2764	0.1662	0.0831	0.0392
92	0.2	0.6152	0.8230	0.9159	0.9607

（2）测试两种增益

使用 Dolphins 数据集测试社区发现算法的迭代次数，如表 4.3 所示，使用的方法是在 LM 算法中引入指数机制。一种是简单引入方式，即仅计算模块度的相对增益；另一种方式则是所提出的 DPLM 算法，计算模块度的绝对增益，对可选的邻居社区进行限制。在实验中只执行第一步，即隐私保护的社区划分，ε_1 的取值范围为 0.01 ~ 0.05。由表中的数据可知，两种方式所执行的迭代次数平均相差约 60 倍。测试第一种方式时的随机性非常大，进行多次反复计算时，迭代次数也可能达到 1000 次左右。此外，如果对其他数据集进行测试，即使是对 Football 数据集，第一种方式也很难使算法停止运行并得到划分结果。因此，对于指数机制而言，计算绝对增益是至关重要的。

表4.3　迭代次数(1)

ε_1	0.01	0.02	0.03	0.04	0.05
相对增益	520	522	446	538	510
绝对增益	8	9	9	7	8

(3)测试网络社区划分结果

使用 LM 算法对 Dolphins 网络进行社区划分,结果如图 4.4 所示,共划分出五个社区结构,其中包括三个相对较大的社区 D_1,D_2,D_3,两个小的社区 D_4,D_5,此次划分结果的模块度为 0.5188。

$D_1 = \{13,15,17,21,34,35,38,39,41,44,45,47,50,51,53,54,59,62\}$

$D_2 = \{2,6,7,10,14,18,23,26,27,28,32,33,42,49,55,57,58,61\}$

$D_3 = \{5,12,16,19,22,24,25,30,36,46,52,56\}$

$D_4 = \{1,3,8,11,20,31,43,48\}$

$D_5 = \{4,9,29,37,40,60\}$

使用 DPLM 算法并且 ε 取值为 1 时,对 Dolphins 网络进行社区划分,结果如图 4.5 所示。与图 4.4 相比,只有 21 号节点改变了所在的社区,由 D_1' 社区转出到 D_5' 社区,其余三个社区内的节点保持不变。此次划分结果的模块度为 0.5241,略高于之前的划分。

$D_1' = \{13,15,17,34,35,38,39,41,44,45,47,50,51,53,54,59,62\}$

$D_5' = \{4,9,21,29,37,40,60\}$

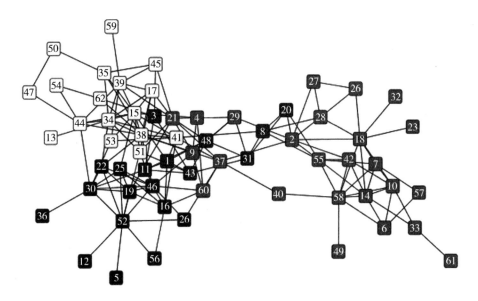

图 4.4　Dolphins 网络社区划分结果（LM）

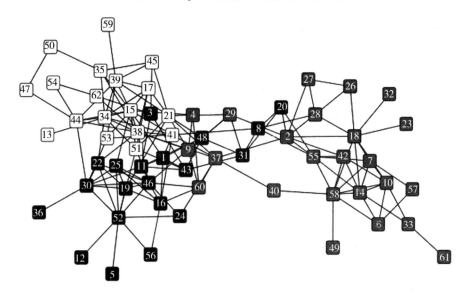

图 4.5　Dolphins 网络社区划分结果（DPLM，$\varepsilon = 1$）

DPLM 算法($\varepsilon = 1$)与 LM 算法的划分结果一致,共划分出十个社区结构 $D_1, D_2, \cdots, D_{10}$。但计算出的模块度有一点差异,LM 算法划分结果的模块度为 0.6046,DPLM 算法($\varepsilon = 1$)划分结果的模块度为 0.5976,而实际上划分结果是同样的社区结构。

$D_1 = \{18, 21, 28, 57, 59, 60, 63, 64, 66, 71, 77, 88, 96, 97, 98, 114\}$

$D_2 = \{13, 15, 19, 27, 32, 35, 37, 39, 43, 44, 55, 62, 72, 86, 100\}$

$D_3 = \{1, 5, 10, 12, 17, 24, 25, 29, 42, 51, 70, 91, 94, 105\}$

$D_4 = \{4, 6, 11, 41, 53, 73, 75, 82, 85, 99, 103, 108\}$

$D_5 = \{3, 7, 14, 16, 33, 40, 48, 61, 65, 101, 107\}$

$D_6 = \{20, 30, 31, 36, 56, 80, 81, 83, 95, 102\}$

$D_7 = \{8, 9, 22, 23, 52, 69, 78, 79, 109, 112\}$

$D_8 = \{2, 26, 34, 38, 46, 90, 104, 106, 110\}$

$D_9 = \{47, 50, 54, 68, 74, 84, 89, 111, 115\}$

$D_{10} = \{45, 49, 58, 67, 76, 87, 92, 93, 113\}$

表 4.4　社区划分统计结果

数据集	测试指标	LM	DPLM				
			$\varepsilon = 1$	$\varepsilon = 2$	$\varepsilon = 3$	$\varepsilon = 4$	$\varepsilon = 5$
Dolphins	社区数	5	5	4	5	5	5
	模块度	0.5188	0.5241	0.5151	0.5233	0.5175	0.5277
Football	社区数	10	10	10	10	10	10
	模块度	0.6046	0.5976	0.6046	0.6043	0.6046	0.6046

DPLM 算法设置 ε 取不同值时对两个小数据集进行多次划分,结果如表4.4所示,其中包括每次划分的社区数与模块度。这里,忽略了第二步中的隐私预算,即没有计算并发布社区间的聚集系数分布。由表中数据可知,划分结果的差异不大,即隐私的方法可以达到非隐私方法的效果。

(4)评估扰动方法

在实验中,总的隐私预算 ε 是介于 1 和 5 之间, ε_1 是介于 0.01 和 0.05 之间,即设置 ε_1 为 ε 的百分之一。第一步中的迭代次数如表 4.5 所示,DPLM 算法

的迭代次数至多是 LM 算法迭代次数的 2 倍。隐私预算的分配如下：例如，如果设置 $\varepsilon=3$，则 $\varepsilon_1=0.03$，对于数据集 CA－HepTh 的迭代次数查为 24，第一步中隐私预算的消耗是 0.72，第二步中余下的隐私预算 ε_2 为 2.28。在以下各个实验图中标注的隐私预算 ε，已经简化为这两部分之和的总预算。

表 4.5　迭代次数（2）

数据集	LM	DPLM				
		$\varepsilon=1$	$\varepsilon=2$	$\varepsilon=3$	$\varepsilon=4$	$\varepsilon=5$
CA－GrQc	12	19	19	24	18	20
CA－HepTh	19	24	29	24	28	26
CA－HepPh	14	28	25	27	29	24

　　关于网络社区划分的模块度的测试结果，如图 4.6～4.8 所示。在 DPLM 算法中，隐私预算 ε 对于模块度几乎没有产生影响；在 LM 算法中，忽略隐私预算 ε 的不同取值。对于数据集 CA－GrQc 与 CA－HepTh，DPLM 算法比 LM 算法划分结果的模块度更优一些；而对于较大的数据集 CA－HepPh，两个算法划分结果的模块度相近，图中的两条曲线基本重合。

　　在网络进行划分之后，测试社区数结果如图 4.9～4.11 所示。在 DPLM 算法中，隐私预算 ε 对社区数所产生的影响略微有些波动；在 LM 算法中，忽略隐私预算 ε 的不同取值。DPLM 算法中划分的社区数小于 LM 算法，相对来说社区的规模必定大于 LM 算法。在 DPLM 算法中执行的迭代次数大于 LM 算法，程序可以迭代更多次来探测更大的社区，并且所划分的网络获得了更优的模块度。这主要是由于指数机制提供了更多的探测机会，在一定程度上避免了陷入局部最优解。因此，改进算法 DPLM 在满足差分隐私保护的条件下进行网络社区划分，同时进一步提高了划分结果的模块度，这是对社区发现算法的一种改进。

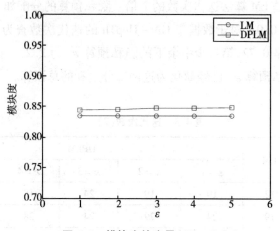

图 4.6 模块度的度量（CA – GrQc）

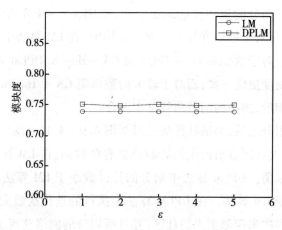

图 4.7 模块度的度量（CA – HepTh）

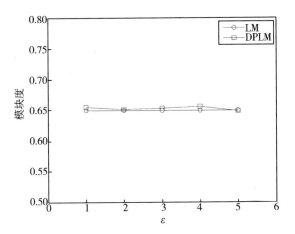

图 4.8　模块度的度量(CA – HepPh)

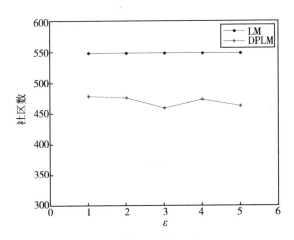

图 4.9　划分社区数(CA – GrQc)

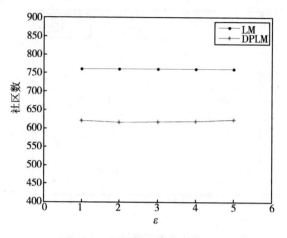

图 4.10　划分社区数(CA - HepTh)

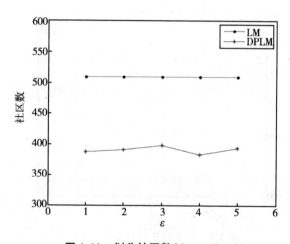

图 4.11　划分社区数(CA - HepPh)

　　基于社区划分统计聚集系数并发布结果,如图 4.12~4.14 所示。其中,LM 算法对网络进行社区划分,并直接发布聚集系数的直方图分布;DPLM 算法对网络进行隐私保护的社区划分,并使用 DPCC 算法发布聚集系数的噪声直方图分布。从结果可以看出,近一半的社区分布在直方图的两端,其余的一半正态分布于直方图的中间,非隐私的方法与隐私的方法所发布的聚集系数直方图分布的趋势一致。总而言之,在满足 ε - 差分隐私的前提下,DPLM 算法获得了更优的网络模块度,DPCC 算法进一步提供了有价值的聚集系数分布结果。

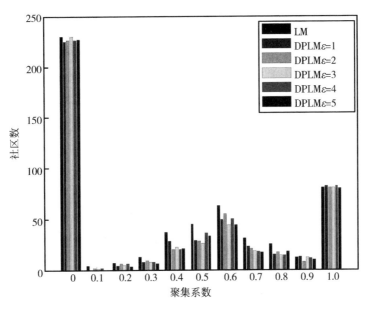

图 4.12　**聚集系数直方图**（CA – GrQc）

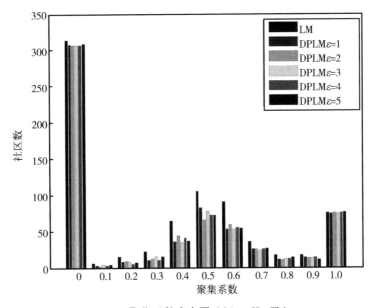

图 4.13　**聚集系数直方图**（CA – HepTh）

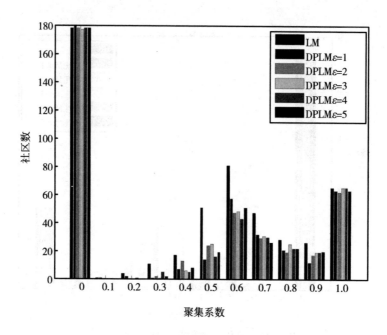

图 4.14　聚集系数直方图（CA – HepPh）

4.6　本章小结

在本章中，主要提出了一种隐私保护的方法以发布社区间的聚集系数分布。该方法分为两个阶段，首先，使用指数机制改进 LM 算法来划分网络，所提出的 DPLM 算法，主要是根据绝对增益对邻居社区进行净化，这与原始算法中使用的相对增益是不同的。考虑到指数机制的随机性，这种改变是至关重要的，实验数据表明，社区划分的过程难以收敛，而简单引入指数机制试图实现差分隐私保护是失效的。然后，使用 DPCC 算法输出关于社区间聚集系数的噪声直方图，更加直观地体现社会网络中群体之间的行为或模式信息。

通过综合评价，该方法能够提供有价值的数据分布结果，同时满足 ε - 差分隐私保护。此外，DPLM 算法获得了更优的网络模块度，这也是对社区发现算法的一种改进。至于所得到的划分结果的准确性，还需要从其他方面进一步测试。作为下一步研究的内容,可以考虑将该工作扩展到其他社区发现算法中,或者探究可以满足差分隐私保护的全新的划分算法。

第 5 章　面向网络图重构的边－差分隐私保护方法

　　为了发布社会网络图进行隐私保护下的数据挖掘或社会网络分析等任务,以及为了再现有价值的社科研究结果,本章主要研究基于 wPINQ 平台改进已有的工作流来进行图重构的计算。在此发布场景中,图中任意两点之间边的存在与否被视为敏感信息,所提出的解决方案满足边－差分隐私。该方法的改进目标主要是提高图的两个重要属性,即同配系数和三角形计数的精度问题。

5.1　引言

　　社会网络分析已经成为许多领域的一个研究热点,例如社会学、心理学、经济学、信息学、统计学等。透过社会网络分析,研究人员可以发现重要的社会问题,其中包括疾病传播、情绪感染、职业流动等。各个研究领域期望相关部门发布社会网络图,然而这些数据通常是高度敏感的,一些研究已经提出多种匿名方法来提供隐私保护。匿名化技术仅提供了有限的保护(存在一些可以访问的背景知识),而且该技术所提供的保护通常能够被一些新的去匿名化技术攻击。

　　为了在发布社会网络图的同时提供隐私保护,Mir 等人的主要研究工作构建在 Kronecker 图之上,这是一个使用参数估计的图模型框架。依据差分隐私保护技术,该方法先构造真实参数的噪声估计,该参数定义了图上的一个概率分布,然后通过对该分布的采样,生成基于递归构造的自相似的合成图,该图捕获了原始图中的一些重要特性或者显著的模式。Wang 等人基于 dK－图模型具体提出了一个满足差分隐私的图生成器,在此过程中,首先计算用于图建模的各种参数,并且基于差分隐私技术进行扰动,然后 dK－图模型使用这些噪声参数生成合成图以再现原图的大多数性质。特别是在 $2K$ – 图模型中,该方法是基于平滑敏感度调整噪声量来实现差分隐私保护,研究结果表明,dK – 图模型明显优于基于随机的 Kronecker 图模型方法。Sala 等人具体提出了一个满足差分隐私的图模型(称为 Pygmalion),该方法也是基于 dK – 图模型,并且具有相似的处理过程。而对于 $2K$ – 图模型,在添加噪声之前对 $2K$ – 序列进行排序和聚类,这样有效降低了达到某个隐私级别所需的噪声量,并且作为最终的优化处理,该方法采用保序回归技术制造更均匀分布的噪声以进一步降低误差。

Proserpio 等人提出了一个用于加权数据分析的平台 wPINQ(weighted privacyintegrated queries),并且具体给出了一个工作流用于在隐私保护条件下发布图的拓扑结构。首先,分析人员对受保护的图进行一些 wPINQ 查询,包括度分布、联合度分布、TbD(triangles by degree)、TbI(triangles by intersect)等等。然后,使用一个简单的图生成器基于噪声度序列生成一个随机种子图。最后,以种子图作为初始状态,利用 MCMC 方法搜索最适合某种噪声度量的合成图。实验结果表明,在测试三角形计数方面,MCMC 过程采用 TbI 度量进行搜索时的效果优于 TbD 度量。

综上所述,现有文献的研究内容主要是基于某种图模型进行隐私保护的图重构计算,其中,dK – 图模型优于 Kronecker 图模型,而 d 值越大,随机性越小,合成图越精确。基于 wPINQ 平台进行图重构时,由 TbD 度量引导所生成的合成图实质上是一个 $3K$ – 图,自然优于 $2K$ – 图。针对三角形计数时,MCMC 过程采用 TbI 度量的实验效果优于 TbD 度量。因此,本章提出一种基于 wPINQ 平台的改进方法,发布满足差分隐私保护的社会网络图。该方法中 MCMC 过程采用 TbI 查询提供的信息进行搜索,目的是更好地保持原网络图中三角形的数量。然而鉴于合成图的同配系数精度较低,该度量又是网络的一个重要指标,用来衡量度相似的节点是否倾向于相互连接,本章提出截断已有的工作流,使用目标 $1K$ – 重连接的方式为 MCMC 过程替换一个更优的种子图,进一步提高合成图的数据可用性。考虑到社会网络数据中存在的相关性问题,提出在该方法中引入相关性参数 k 参与隐私预算的计算。最后,在真实数据集上进行仿真实验,对比改进前后的方法,总结本章的工作并指出进一步的研究方向。

5.2 wPINQ 平台

已有的工作流是基于 wPINQ 编程语言,该系统中提供一些平稳转换操作算子,用来编写查询并返回噪声计数,同时保证满足差分隐私。

5.2.1 平台简介

微软的 PINQ(privacy integrated queries)系统,最早为交互式任务提供了一个可信的隐私保护数据分析平台。该系统类似于 C#的 LINQ 声明性语言(language integrated queries),基于可信组件构建的算法从结构上继承了隐私属性,无须隐私专业知识,即对差分隐私提供无条件的隐私保证。PINQ 设计为现有查询引擎前面的一个薄薄的保护层,如图 5.1 所示,并不直接管理数据或执行查询,而是提供一些通用转换和聚集计算的差分隐私实现方式,一个数据源只需要一个 LINQ 接口来支持 PINQ 即可。

wPINQ 系统是 PINQ 的一个新版本,即加权的 PINQ,这是差分隐私对加权数据集的推广。通过使用一些更灵活的、简单的操作算子,wPINQ 可以重现并且改进一些图分析中的结果,此外通过集成概率推理技术,该平台也可以合成更为复杂的数据集。关于加权数据集及对应的差分隐私的定义如下:

定义 5.1 一个加权数据集,对应于函数 $A: D \to R$,其中 $A(x)$ 是记录 x 的实数权重值。

定义 5.2 两个加权数据集 A 和 B 之间的差值,等于各个记录之间差值的总和,

$$\| A - B \| = \sum_x \| A(x) - B(x) \| \tag{5-1}$$

定义 5.3 随机计算 M 提供 ε - 差分隐私,如果对于任意的加权数据集 A 和 B,以及任意一组可能的输出 $S \subseteq \mathrm{Range}(M)$,有

$$\Pr[M(A) \in S] \leqslant \Pr[M(B) \in S] \exp(\varepsilon \| A - B \|) \tag{5-2}$$

此定义等价于多重集上标准的差分隐私的定义,非负整数的权重代表一个记录出现在数据集中的次数。如同标准定义一样,隐私预算 ε 是一个小的正数,用来权衡隐私和数据精度之间的关系。

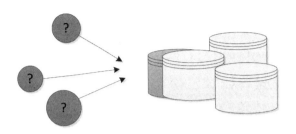

图 5.1　PINQ 提供的保护层

在标准定义中,全局敏感度是在考虑所有可能数据集时最坏情况下的敏感度,需要掩盖单个记录对所有可能数据集的输出中所能产生的最大变化。依据全局敏感度的概念,在分析社会网络图时会产生大量的噪声,这使得分析结果没有任何意义。对于某些函数而言,例如求中位数,全局敏感度是整个范围区间的差值,在这种情况下所添加的噪声将会彻底毁坏数据,然而针对典型的输入,这个函数并不是很敏感的。Nissim等人定义了平滑敏感度的相关概念,其实质是一种依赖于实例的敏感度,所添加的噪声是基于局部敏感度的平滑上界,而局部敏感度取决于当前的输入数据集。

绕过最坏情况下的敏感度,wPINQ 可以平滑地抑制高度敏感的记录,具体通过降低相应的权重而不是放大噪声的量级。例如,在三角形计数时,三角形 $\triangle(a,b,c)$ 的权重被设置为 $1/\max\{da,db,dc\}$,其中,da 是节点 a 的度,则在权重上添加常量级的噪声可以提供差分隐私保护,并能得到更精确的测量值。当数据集中包含少量的敏感记录时,这种数据依赖的重新调整方式比平滑敏感度的效果更好,因此适用于图数据的分析。

wPINQ 编程语言提供了一些平稳转换操作算子,如 Select、Where、GroupBy、Join、Intersect 等。每一个平稳转换之后可以确保对称差分不会大于转换之前,因此在一系列平稳转换输出之后,直接执行噪声计数 NoisyCount 并发布结果,整个过程能够自动保证差分隐私。

定义 5.4　一个转换 $T:R^D \to R^R$ 是平稳的,则对于任意两个数据集 A 和 A',有

$$\| T(A) - T(A') \| \leqslant \| A - A' \| \qquad (5-3)$$

此外,平稳转换 T_1 和 T_2 的组合 $T_1[T_2(\,\cdot\,)]$ 也是平稳的,如果 M 是一个满

足差分隐私的聚集计算，则 $M[T(\cdot)]$ 也满足差分隐私。wPINQ 使用 Noisy-Count(A,ε) 支持这种聚集计算，有如下公式：

$$\text{NoisyCount}(A,\varepsilon)(x) = A(x) + \text{Lap}(1/\varepsilon) \qquad (5-4)$$

5.2.2　操作算子

此处，举例说明几个相关操作算子的权重计算。设有如下两个权重数据集 A 和 B：

$A = \{(\text{“1”},0.5),\ (\text{“2”},1.5),\ (\text{“3”},2.0)\}$

$B = \{(\text{“1”},1.0),\ (\text{“3”},3.0),(\text{“4”},2.5)\}$

例如，$A(\text{“3”}) = 2.0$，表示记录"3"的权重是2.0。

(1) $\text{Select}(A, f)(x) = \sum\limits_{y:f(y)=x} A(y)$ ，$f:D{\to}R$

例，设 $f(x) = x \bmod 2$，则返回的数据集为 $\{(\text{“0”},1.5),\ (\text{“1”},\ 2.5)\}$。

其中，记录"1"与"3"的权重累加求和。

(2) $\text{Where}(A, p)(x) = p(x) \times A(x)$ ，$p:D{\to}\{0,1\}$

例，设 $p(x): x^2 < 6$，则返回的数据集为 $\{(\text{“1”},0.5),\ (\text{“2”},\ 1.5)\}$。

即满足条件的记录只有"1"与"2"。

(3) $\text{Intersect}(A,\ B)(x) = \min[A(x),B(x)]$

例，返回的数据集为 $\{(\text{“1”},0.5),\ (\text{“3”},2.0)\}$，即返回记录的最小权重值。

(4) $\text{Join}(A,B) = \sum\limits_{k} \dfrac{A_k \times B_k^{\text{T}}}{\|A_k\| + \|B_k\|}$

例，假设使用奇偶性作为连接 k 键，则有如下计算：

$A_0 = \{(\text{“2”},1.5)\}$ 与 $A_1 = \{(\text{“1”},0.5),(\text{“3”},2.0)\}$

$B_0 = \{(\text{“4”},2.5)\}$ 与 $B_1 = \{(\text{“1”},1.0),(\text{“3”},3.0)\}$

$$\|A_0\| + \|B_0\| = 4.0$$

$$\|A_1\| + \|B_1\| = 6.5$$

$$\dfrac{A_0 \times B_0^{\text{T}}}{\|A_0\| + \|B_0\|} = \dfrac{A_0 \times B_0^{\text{T}}}{4.0} = \{(\text{“}<2,4>\text{”},0.94)\}$$

$$\frac{A_1 \times B_1^{\mathrm{T}}}{\parallel A_1 \parallel + \parallel B_1 \parallel} = \frac{A_1 \times B_1^{\mathrm{T}}}{6.5}$$

$$= \{ (\text{``} <1,1> \text{''}, 0.08), (\text{``} <3,1> \text{''}, 0.31),$$
$$(\text{``} <1,3> \text{''}, 0.23), (\text{``} <3,3> \text{''}, 0.92) \}$$

因此,返回的数据集为:

$$\{ (\text{``} <2,4> \text{''}, 0.94), (\text{``} <1,1> \text{''}, 0.08), (\text{``} <3,1> \text{''}, 0.31),$$
$$(\text{``} <1,3> \text{''}, 0.23), (\text{``} <3,3> \text{''}, 0.92) \}$$

5.3　dK - 图模型

dK - 分布是指节点数为 d 的子图的度相关性。对于给定的图 G,$1K$ - 分布 $P_1(t)$ 为度分布,表示 t 度的节点的数目;$2K$ - 分布 $P_2(i, j)$ 是联合度分布,表示 i 度和 j 度两个节点连接的概率;$3K$ - 分布是指节点三元组之间的互连性,包括楔形 $\lor$(由 2 条边连接 3 个节点的链)和三角形 $\triangle$(由 3 条边连接 3 个节点的派系);以此类推。

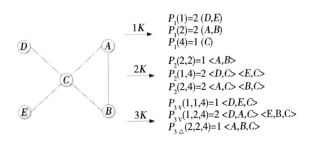

图 5.2　一个 dK - 分布的示例

一个关于计算 dK - 分布的示例,如图 5.2 所示,为了简单起见,其中的分布值是对应子图的数目。例如:$P_2(1,4) = 2$,表示 1 度和 4 度节点之间有两条边;$P_{3\triangle}(2,2,4) = 1$,表示 2 度、2 度、4 度节点之间有一个三角形。d 值越大,计算越复杂,同时能够捕获到原始图中更详尽的属性。在极限的情况下,dK - 分布可以完全描述任何给定的图。实际上,$3K$ - 分布足以精确再现大多数图的属性。

输出的 dK – 图需要保持相应的 dK – 分布, 而 $(d+1)K$ – 图的集合是 dK – 图的一个子集, 这点对于构造图来说是一个很有价值的属性, 便于直接推广到任意大小的图。其中重连接方法的思想是保持 dK – 分布现有的形式下, 重新连接随机选择的一些边。分析工具包 dKRewire 可以在输入图上执行 dK – 保持的重连接, 具体使用 $1K$、$2K$ 或 $3K$ 重连接技术随机化一个输入图。由于整个处理过程来自于原始图, 因此不适合被隐私保护的图模型完全采用。而在其他一些文献中, 常使用伪图方法进行 $2K$ – 图生成, 但不能生成 $d \geqslant 3$ 的随机图。

5.4   图重构的改进方法

首先, 针对社会网络中存在的数据相关性问题, 提出在改进方法中引入相关性参数的解决方式。然后, 着眼于图的两个关键度量指标, 即同配系数和三角形计数, 基于 wPINQ 平台提出截断工作流优化种子图的改进方案, 具体使用 MCMC 过程寻找最适合 TbI 度量的合成图并发布结果。整个方法的执行过程, 需要分阶段逐步处理数据, 每个阶段都有相应隐私预算的消耗。

5.4.1   数据相关性

对于各记录间相互独立的数据库, ε – 差分隐私可以提供严格的隐私保证。然而在社会网络中, 各记录间也许存在着内在的相关性, 即额外的一些背景信息。比如, 一条边的存在与否, 可以通过其他几条边的存在推断出来。也就是说, 仅仅删除一条边并不能完全掩盖其在数据库中的存在。此时, 边 – 差分隐私可能无法提供所要求的隐私保护, 这样就阻碍了在网络数据中的应用。

对于数据相关性问题, Chen 等人认为在相关性条件下, ε – 差分隐私等同于群组差分隐私 (group differential privacy): 任何 ε/k – 差分隐私机制, 当相邻数据库相差至多 k 条记录时, 也可以满足 ε – 差分隐私。所得到的结论是: 如果一个隐私机制在不相关的设置中实现 ε/k – 差分隐私, 则在相关性参数为 k 的设置中, 该机制也足以提供 ε – 差分隐私保护。

相关性参数 k 意味着, 在数据库中任何记录至多与其他 $k-1$ 条记录相关。通常参数 k 的取值是属于特定邻域的, 并不依赖于特定的数据库。因此, 在改进的算法中, 设置了一个相关性参数 k 以解决社会网络的相关性, 这也是首先要考虑清楚的问题。

5.4.2 算法执行流程

针对图的两个重要属性,即两个关键度量指标:同配系数和三角形计数,具体提出了一种改进的方法,可以在保证边－差分隐私的条件下发布社会网络图。改进方法的概况图如图 5.3 所示,该工作流使用 wPINQ 编程语言实现图的合成并发布结果,使用的数据集是边集 (a, b) 带权重值 1.0,这与传统的数据集是等价的。

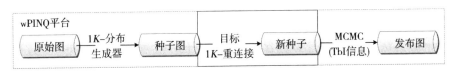

图 5.3 改进方法的概况图

工作流起始于一个种子图,该图是基于噪声度序列由 $1K$ – 分布生成器所生成的。其中度序列与度分布是不同的,例如在图 5.2 中,度序列为:$d(A) = 2$,$d(B) = 2$,$d(C) = 4$,$d(D) = 1$,$d(E) = 1$,然而二者都属于一阶的图统计信息,一种形式可以从另一种形式得到。种子图作为 MCMC 过程的初始状态,保持着对应的 $1K$ – 分布。

同配系数被认为是网络的一个重要指标,衡量度相似的节点是否倾向于相互连接。改进方法的思想是:以同配系数作为目标进行 $1K$ – 重连接,使得种子图更优化,进而作为 MCMC 过程的新的初始状态。尽管 $1K$ – 重连接这步操作在一定程度上增加了整个方法运行的时间,但由于离线数据处理方式对运行时间的要求不高,所以输出图仍保持 $1K$ – 分布并且极大地提高了同配系数的精度。

MCMC 方法的算法思想:在每次迭代中随机选择两条边进行交换,计算拟交换前后的误差之差,进而判断是否交换并进入下一次迭代中,具体迭代的次数由用户进行设定。MCMC 方法每次迭代的执行过程如下:

步骤 1:计算当前误差 curError。

步骤2：随机选择两条边 e_{ab} 和 e_{cd}。

步骤3：拟交换两条边的端点，得到 e_{ad} 和 e_{cb}。

步骤4：计算新误差 newError。

步骤5：判断 curError − newError > random 是否成立？

//random 为一个随机数，即以一定的概率判断交换与否。

步骤6：若成立，则交换得到两条新边 e_{ad} 和 e_{cb}。

步骤7：更新当前误差 curError = newError，进入下一次迭代。

步骤8：如果不成立，则直接进入下一次迭代。

　　MCMC 方法的优势在于能够限制不正确解的概率，这意味着以运行时间为代价，失败的概率可以尽可能小。该工作流继续使用 TbI 查询执行 Metropolis – Hastings 算法，该查询是计算包含三角形信息的一个噪声计数。MCMC 过程将致力于寻找最适合 TbI 度量的合成图，即通过反复多次迭代迫使最终的合成图尽可能趋于原始网络图。最后在工作流的末端，所发布的合成图可以更好地保持两个关键的度量指标，同时满足边 – 差分隐私保护。

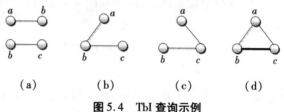

$$（a）\qquad（b）\qquad（c）\qquad（d）$$

图5.4　TbI 查询示例

　　TbI 查询的算法思想：如果一个三角形 $\triangle abc$ 存在，当且仅当路径 $\angle abc$ 与 $\angle bca$ 同时存在。TbI 一词的含义是通过交叉路径得到的三角形，该度量包含的信息属于三阶的图统计信息，如图5.4（a）~（d）所示，查询步骤如下：

步骤1：如图（a）所示，对网络图中边两端的节点进行升序排序，得到边 e_{ab} 和 e_{bc}。

//排序是为了提高三角形计数和聚集系数。

步骤2：如图（b）所示，通过连接两条边 e_{ab} 和 e_{bc}，得到长度为 2 的路径 $\angle abc$ 集合。

//graph. Join（graph, $x = > x. b, y = > y. a, x = > x. a, y = > y. b,（k, x, y）= >$ new Triple $（x, k, y））$. Where(node $= >$ node. $a! =$ node. c)。

步骤 3：如图（c）所示，通过旋转每条路径，得到另一个路径 $\angle bca$ 集合。

步骤 4：如图（d）所示，通过交叉两个集合中的路径，得到三角形 $\triangle abc$ 集合。

步骤 5：最后，计算并输出加入噪声的三角形计数，即 TbI 度量值。

5.4.3 rTbI 算法

rTbI 算法是对改进方法具体执行步骤的一种描述，改进之处在于截断原始工作流，替换一个更优的种子图提高同配系数的精度，并在该算法中引入相关性参数 k 来解决社会网络中存在的相关性问题。定理 5.1 给出了扰动同配系数所需添加的噪声量级，在算法 5.1 中具体依据此值添加拉普拉斯噪声。

定理 5.1 扰动同配系数 r 所需添加的噪声量级为 2。

证明 同配系数 r 是基于度的皮尔逊相关系数，正值表示相同度节点间的协同关系，负值表示不同度节点之间的某种连接关系。取值范围是从 -1 到 $+1$，则最大变化量是 $\Delta r = (+1) - (-1) = 2$。因此，同配系数 r 的全局敏感度为 2，即扰动时所需添加的噪声量级为 2。

算法 5.1 **rTbI 算法**

具体内容
输入：原始图数据集 D，隐私预算 8ε，相关性参数 k
输出：扰动后的图数据集 D^*
1. 将 8ε 拆分为三部分 3ε、ε 和 4ε
2. 生成一个种子图，消耗隐私预算 3ε
3. 计算扰动的同配系数 r，消耗隐私预算 ε
4. 调用 $1K$ – rewiring 函数，对种子图进行目标重连接
5. 使用 TbI 查询计算三角形的一个噪声计数，消耗隐私预算 4ε
6. 调用 Metropolis – Hastings 函数，执行 MCMC 过程
7. 返回数据集 D^*

在算法 5.1 中：第 1 行中总的隐私预算为 8ε，除以 k 可以解决相关性问题，即算法中消耗的隐私预算应为 $8\varepsilon/k$，这里简单设置 $k = 1$，主要是为了便于理

论分析和实验结果的比较。第 2 行基于噪声度序列生成一个种子图,并结合度 CCDF(互补累积分布函数)进行后置处理以提高精度。第 3 行计算图的同配系数 r,并添加噪声 $\text{Lap}(2/\varepsilon)$。第 4 行使用 dKRewire 工具包进行目标 $1K$ – 重连接,如图 5.5 所示,具体输入种子图并且设定目标即同配系数,还需限定程序运行次数或者最大运行时间,输出即为一个新的更优的种子图。第 5 行基于 wPINQ 语言编写 TbI 查询,返回三角形的一个噪声计数。第 6 行是以新种子图为初始状态并由 TbI 信息引导,具体调用 Metropolis – Hastings 函数执行 MCMC 过程。第 7 行返回并发布噪声扰动的图数据集 D^*。

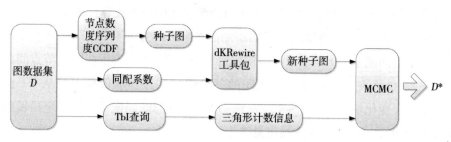

图 5.5　rTbI 算法的执行流程

定理 5.2　TbI 查询所需添加的噪声量级为

$$4 \Big/ \sum_{\triangle(a,b,c)} \min\left\{\frac{1}{da},\frac{1}{db}\right\} + \min\left\{\frac{1}{da},\frac{1}{dc}\right\} + \min\left\{\frac{1}{db},\frac{1}{dc}\right\} \tag{5-5}$$

证明　TbI 查询是由 wPINQ 语言编写,可以自动保证差分隐私。对于权重的分析,主要是逐步遵循一些平稳转换的过程,详见参考文献[203]。关于三角形信息的单个计数的权重是 $\sum_{\triangle(a,b,c)} \min\left\{\frac{1}{da},\frac{1}{db}\right\} + \min\left\{\frac{1}{da},\frac{1}{dc}\right\} + \min\left\{\frac{1}{db},\frac{1}{dc}\right\}$。而 TbI 查询访问输入数据集 4 次,则产生一个 4ε 的隐私成本,拉普拉斯噪声的参数是 $4/\varepsilon$ 除以所导出的权重。因此,TbI 查询所需添加的噪声量级为 $4 \Big/ \sum_{\triangle(a,b,c)} \min\left\{\frac{1}{da},\frac{1}{db}\right\} + \min\left\{\frac{1}{da},\frac{1}{dc}\right\} + \min\left\{\frac{1}{db},\frac{1}{dc}\right\}$。

推论 5.1　rTbI 算法满足 8ε – 差分隐私。

证明　在算法 5.1 中,第 2 行生成种子图时具体使用三种噪声度量,分别是度序列、度 CCDF、节点数,计算时需要访问数据集 3 次,此处的隐私成本是

3ε。第 3 行计算同配系数时访问数据集 1 次,此处的隐私成本是 ε。根据定理 5.2 中的分析,第 5 行中的隐私成本是 4ε。其余各行由于不需要访问数据集,不再需要额外的隐私成本,根据定理 1.1(序列组合性),rTbI 算法满足 8ε - 差分隐私。

5.5　仿真实验

在这一部分,主要对比改进后的方法 rTbI 与文献[203]中所提出的方法,在不引起混淆的情况下直接使用 TbI 代表该方法。具体比较基于 MCMC 过程的两个关键指标,即同配系数和三角形计数,以及网络的度分布情况,其他一些度量指标。

5.5.1　实验数据及参数设置

实验中使用两个真实的数据集 CA - GrQc 和 CA - HepTh,可以从斯坦福大学网络分析项目数据集(SNAP)中下载,其中各数据集的访问可以不受任何限制。文件 CA - GrQc. txt 包含一个关于广义相对论范畴的协作网络;文件 CA - HepTh. txt 包含一个关于高能物理理论范畴的协作网络。此处,两个数据集均被视为有向图,其中的边数基本上是无向图中边数的两倍。具体数据如下:在 CA - GrQc 数据集中,共有 5242 个节点和 28980 条边,同配系数为 0.659,三角形计数为 48260。在 CA - HepTh 数据集中,共有 9877 个节点和 51971 条边,同配系数为 0.267,三角形计数为 28339。

实验环境为:Intel© Core™ i7 - 6700 CPU @ 3.40 GHz,24 G 内存,Windows 10 操作系统,所有算法均是在 Matlab R2014a 中执行的。在实验中,导入数据集并基于 MCMC 过程的执行步数,依次生成各个阶段的合成图,测量两个关键指标的具体数据,如表 5.1 ~ 5.4 所示,其中 0 步表示 MCMC 过程开始之前,对应列即是种子图的数据。

5.5.2　实验结果及分析

对于数据集 CA - GrQc 和 CA - HepTh,当 ε 取 0.1 时,TbI 方法和 rTbI 方法分别执行 5×10^5 步的测试结果,如表 5.1 ~ 5.2 所示。其中,第 1 行中的数据为

MCMC 过程执行步数($\times 10^4$)。第 2 行、第 3 行分别是 TbI 方法执行一定步数之后,各阶段合成图的同配系数 r 和三角形计数 t。第 4 行、第 5 行分别是 rTbI 方法在执行一定步数之后,各阶段合成图的同配系数 r 和三角形计数 t。对于数据集 CA - GrQc 和 CA - HepTh,当 ε 分别取 0.1 和 1 时,TbI 方法和 rTbI 方法分别执行 3.5×10^6 步的测试结果,如表 5.3 ~ 5.4 所示。其中,第 1 行中的数据为 MCMC 过程执行步数(数量级 10^5),其余各行中数据分别对应 ε 取不同值时,各阶段合成图的同配系数 r 和三角形计数 t。

表 5.1　CA - GrQc 的统计数据(当 $\varepsilon = 0.1$ 时,执行 5×10^5 步)

	步数					
	0	5	10	15	20	25
TbI - r	− 0.006	0.059	0.071	0.068	0.057	0.050
TbI - t	1462	6474	8501	9742	10635	11330
rTbI - r	0.6273	0.539	0.535	0.537	0.538	0.536
rTbI - t	9193	13533	15823	17428	18818	19887
	步数					
	30	35	40	45	50	
TbI - r	0.039	0.024	0.018	0.009	0.006	
TbI - t	11884	12341	12735	13051	13441	
rTbI - r	0.536	0.540	0.539	0.538	0.538	
rTbI - t	20804	21683	22397	23141	23723	

表 5.1 中 TbI - r、rTbI - r 用于绘制图 5.6 中的两条曲线,表 5.1 中 TbI - t、rTbI - t 用于绘制图 5.7 中的两条曲线。表 5.2 中 TbI - r、rTbI - r 用于绘制图 5.8 中的两条曲线,表 5.2 中 TbI - t、rTbI - t 用于绘制图 5.9 中的两条曲线。表 5.3 中 TbI - r、rTbI - r 用于绘制图 5.13 中的四条曲线,表 5.3 中 TbI - t、rTbI - t 用于绘制图 5.14 中的四条曲线。表 5.4 中 TbI - r、rTbI - r 用于绘制图 5.16 中的四条曲线,表 5.4 中 TbI - t、rTbI - t 用于绘制图 5.17 中的四条曲线。

表 5.2　CA – HepTh 的统计数据（当 $\varepsilon = 0.1$ 时，执行 5×10^5 步）

	步数					
	0	5	10	15	20	25
TbI – r	0.001	0.039	0.055	0.068	0.079	0.082
TbI – t	745	3704	5694	7172	8427	9345
rTbI – r	0.2353	0.138	0.134	0.136	0.136	0.141
rTbI – t	1318	4408	6424	7870	9090	10075

	步数				
	30	35	40	45	50
TbI – r	0.081	0.079	0.072	0.071	0.073
TbI – t	10211	10945	11616	12177	12711
rTbI – r	0.138	0.135	0.136	0.137	0.133
rTbI – t	10915	11667	12309	12842	13370

表 5.3　CA – GrQc 的统计数据（当 ε 取不同值时，执行 3.5×10^6 步）

		步数			
		0	5	10	15
$\varepsilon = 0.1$	TbI – r	0.001	0.013	− 0.027	− 0.052
	TbI – t	1446	13297	15585	16869
	rTbI – r	0.6273	0.523	0.501	0.481
	rTbI – t	8527	22227	26205	29201
$\varepsilon = 1$	TbI – r	− 0.004	− 0.002	− 0.042	− 0.062
	TbI – t	1431	13297	15437	16766
	rTbI – r	0.6873	0.59	0.569	0.557
	rTbI – t	10579	25909	30945	34608

续表

		步数			
		20	25	30	35
$\varepsilon=0.1$	TbI $-r$	-0.066	-0.077	-0.083	-0.088
	TbI $-t$	17849	18530	19095	19602
	rTbI $-r$	0.469	0.46	0.454	0.449
	rTbI $-t$	31573	33674	35362	36913
$\varepsilon=1$	TbI $-r$	-0.078	-0.087	-0.092	-0.1
	TbI $-t$	17648	18306	18956	19384
	rTbI $-r$	0.548	0.541	0.535	0.529
	rTbI $-t$	37753	39562	41168	42540

表 5.4   CA – HepTh 的统计数据（当 ε 取不同值时，执行 3.5×10^6 步）

		步数			
		0	5	10	15
$\varepsilon=0.1$	TbI $-r$	-0.01	0.071	0.04	0.016
	TbI $-t$	739	12836	16555	18768
	rTbI $-r$	0.235	0.136	0.113	0.097
	rTbI $-t$	1195	13349	16965	19182
$\varepsilon=1$	TbI $-r$	0.001	0.069	0.044	0.025
	TbI $-t$	698	12802	16442	18755
	rTbI $-r$	0.295	0.142	0.118	0.1
	rTbI $-t$	1292	13293	16924	19179

续表

		步数			
		20	25	30	35
	ТЬІ – r	0.001	– 0.009	– 0.02	– 0.026
	ТЬІ – t	20397	21775	22784	23743
ε=0.1	rТЬІ – r	0.078	0.063	0.055	0.046
	rТЬІ – t	20678	21810	22849	23647
		步数			
		20	25	30	35
	ТЬІ – r	0.011	– 0.003	– 0.018	– 0.02
	ТЬІ – t	20387	21643	22653	23605
ε=1	rТЬІ – r	0.086	0.068	0.059	0.051
	rТЬІ – t	20698	21890	22831	23676

当 ε 取 0.1 时,MCMC 过程执行步数直到 5×10^5 步,如图 5.6 ~ 5.9 所示,为各阶段合成图的同配系数 r 和三角形计数 t 的曲线图。CA – GrQc 网络各合成图的同配系数趋于稳定,如图 5.6 所示,因为 TbI 查询只提供了关于三角形计数的信息,这意味着 MCMC 方法使用 TbI 查询基本不影响同配系数。显然 rTbI 方法更好地保持了网络的同配系数,这是由于该方法对种子图进行的 $1K$ – 重连接,调整之后的种子图在保持 $1K$ – 分布的同时极大地提高了同配系数的精度。CA – GrQc 网络各合成图中的三角形计数如图 5.7 所示,曲线起始于新的种子图,rTbI 方法更有利于保持三角形计数,在 TbI 信息的引导下,随着 MCMC 过程的执行,三角形的数量稳步增加。

CA – HepTh 网络各合成图的同配系数如图 5.8 所示,与 TbI 方法相比,rTbI 方法中同配系数的调整并不明显,仅略微提高一些。CA – HepTh 网络各合成图中的三角形计数如图 5.9 所示,可见两种方法的结果相似,但是 rTbI 方法在保持三角形计数上仍比 TbI 方法好一点。总的来说,相对于 CA – GrQc 数据集,rTbI 方法在 CA – HepTh 数据集上的调整效果并不显著,这主要是由于该网络本身同配系数相对较小,所以该方法没有太多的提升空间。

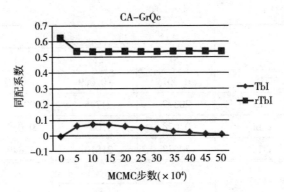

图5.6 CA - GrQc 的同配系数(当 $\varepsilon = 0.1$ 时,执行 5×10^5 步)

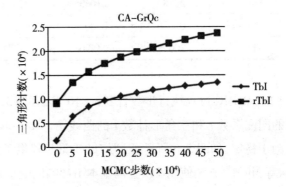

图5.7 CA - GrQc 的三角形计数(当 $\varepsilon = 0.1$ 时,执行 5×10^5 步)

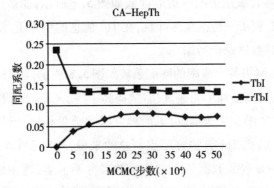

图5.8 CA - HepTh 的同配系数(当 $\varepsilon = 0.1$ 时,执行 5×10^5 步)

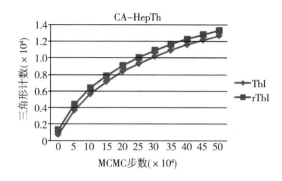

图 5.9　CA - HepTh 的三角形计数（当 $\varepsilon = 0.1$ 时，执行 5×10^{5} 步）

　　社会网络的一个重要特性，就是节点的度分布符合幂律分布。两个协作网络的初始度分布情况，如图 5.10 所示。对于两个数据集，当 ε 取 0.1 时，MCMC 过程继续执行，直到 3.5×10^{6} 步，最终合成图的度分布情况如图 5.11 ~ 5.12 所示。相对于原始度分布，执行 TbI 方法与 rTbI 方法之后，图中存在少量度为 1 的节点，度为 2 的节点数量有所降低，但总体趋势，合成图的节点度分布仍然符合幂律分布。

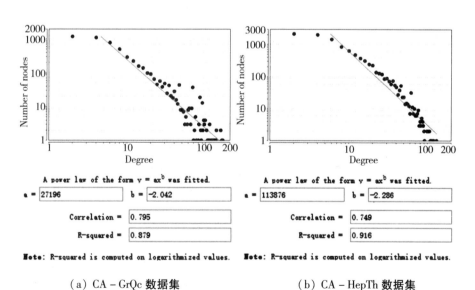

（a）CA - GrQc 数据集　　　（b）CA - HepTh 数据集

图 5.10　协作网络的度分布

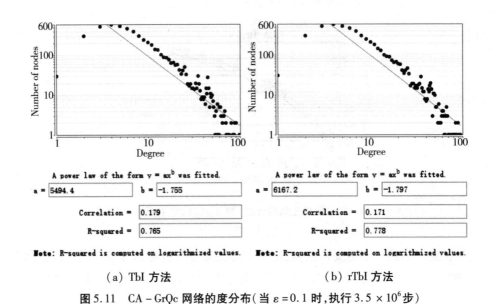

（a）TbI 方法　　　　　　　　　　（b）rTbI 方法

图 5.11　CA – GrQc 网络的度分布（当 $\varepsilon = 0.1$ 时,执行 3.5×10^6 步）

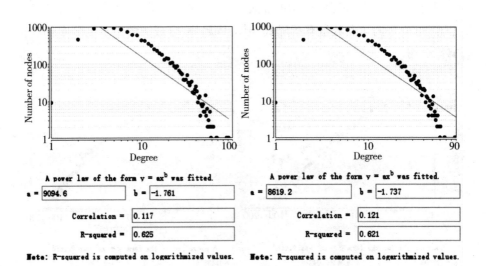

（a）TbI 方法　　　　　　　　　　（b）rTbI 方法

图 5.12　CA – HepTh 网络的度分布（当 $\varepsilon = 0.1$ 时,执行 3.5×10^6 步）

对于 CA – GrQc 数据集,MCMC 过程继续执行直到 3.5×10^6 步,如图 5.13 ~ 5.14 所示,其中隐私预算 ε 值分别设置为 0.1 和 1。可见两个图中 TbI 方法并不区分不同的 ε 值,而 rTbI 方法在 ε 取 1 时获得更好的结果,与理论分析一致,隐私预算 ε 取值越大,则隐私越低、精度越高。在图 5.14 中,rTbI 方法执行后三角形计数达到 42540,这个值非常接近原图中的值 48260。在执行 3.5×10^6 步之后,详细评估了最终合成图的 15 个度量指标,如表 5.5 所示,进一步提供一些关于合成图的概况信息。在表中前半部分,各个指标的度量误差在可接受的范围之内,但是余下的部分需要一些合理的解释说明。在原始图中,存在一个主要的连通分支和 354 个微小的分支,如图 5.15 所示。但在执行 MCMC 过程之后,只有主要的连通分支保留在合成图中,因此,合成图中的网络传递性是最大值 1,表中余下的各个指标的误差相对较大。此外,合成图的聚集系数误差相对较高,这可能是由该方法的随机性所导致的。

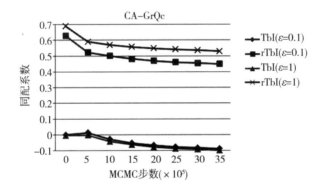

图 5.13　CA – GrQc 的同配系数(当 ε 取不同值时,执行 3.5×10^6 步)

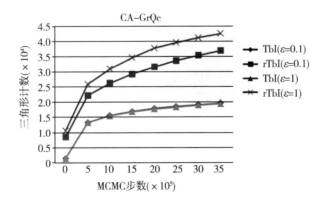

图 5.14　CA – GrQc 的三角形计数(当 ε 取不同值时,执行 3.5×10^6 步)

表 5.5　CA – GrQc 的度量指标

拓扑度量	原始图	TbI		rTbI	
		$\varepsilon = 0.1$	$\varepsilon = 1$	$\varepsilon = 0.1$	$\varepsilon = 1$
节点数	5242	5301	5285	5301	5285
边数	28980	28932	28979	28795	28842
同配系数	0.659	− 0.088	− 0.100	0.449	0.529
三角形计数	48260	19602	19384	36913	42540
聚集系数	0.530	0.274	0.275	0.232	0.234
网络密度	0.001	0.002	0.002	0.002	0.002
网络中心势	0.014	0.015	0.017	0.013	0.015
网络异构性	1.433	1.026	1.024	0.992	0.985
连通分支	355	1	1	1	1
网络传递性	0.629	1	1	1	1
最短路径	17288028 (62%)	28095300 (100%)	27925940 (100%)	28095300 (100%)	27925940 (100%)
特征路径长度	6.049	3.756	3.738	3.997	4.019
平均邻居数	5.526	10.760	10.807	10.472	10.534
网络半径	1	5	5	5	5
网络直径	17	8	8	9	9

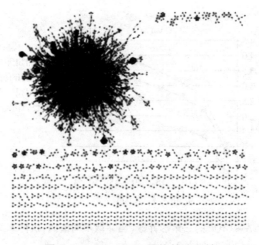

图 5.15　CA – GrQc 网络的连通性

对于 CA－HepTh 数据集,MCMC 过程继续执行直到 3.5×10^6 步,其中隐私预算 ε 分别设置为 0.1 和 1。各合成图的同配系数如图 5.16 所示,除了 rTbI 方法在起始点的差异之外,两种方法几乎不区分不同的 ε 值,同配系数的曲线总体呈现下降趋势,偏离原始值较大。各合成图中的三角形计数如图 5.17 所示,可见四条曲线基本重合,随着执行步数的增加,三角形计数得到较大的提升,进而更加接近原始值。综上所述,从实验中的大部分结果来看,尤其对于两个关键度量指标,改进的方法 rTbI 优于已有 TbI 方法。

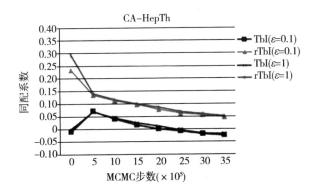

图 5.16　CA－HepTh 的同配系数(当 ε 取不同值时,执行 3.5×10^6 步)

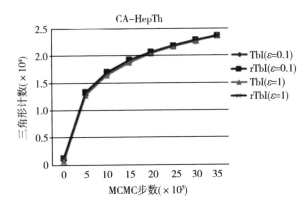

图 5.17　CA－HepTh 的三角形计数(当 ε 取不同值时,执行 3.5×10^6 步)

5.6   本章小结

在本章中,主要提出了基于 wPINQ 平台的改进算法 rTbI,其可以在差分隐私保护下发布社会网络图。考虑到 TbI 查询仅仅提供了关于三角形计数的信息,因此仍有改进的余地。已有工作流源于一个种子图,该图是基于噪声度序列生成的,本质上是一个 $1K$ – 图。实际上,生成的种子图的同配系数精度很低,并且经过 MCMC 过程之后几乎没有变化。该方法在种子图上进行目标 $1K$ – 重连接,以提高同配系数的精度,同时保持着 $1K$ – 分布。随后,MCMC 过程使用优化的新种子图作为初始状态,逐步由 TbI 信息引导并执行。在迭代过程中,三角形的数量保持稳定的增加,同时校正的同配系数保持良好。实验结果表明,改进的 rTbI 算法与 TbI 算法相比,能够达到更优的性能。

从实验结果来看,本部分工作的某些方面值得进一步研究。其中的一个问题是如何保持社会网络的聚集系数,该度量指标是社会凝聚力的一种反映。此外,所发布的社会网络图的可用性尚需通过一些应用程序进一步验证,比如社区发现算法等。我们将探索其他一些方法以在发布社会网络图时保护边隐私,或者考虑节点 – 差分隐私以寻求更强的保护机制。最近集中差分隐私的概念已被提出,该定义相比于 ε – 差分隐私和 (ε, δ) – 差分隐私更准确,并且不妥协于多重计算时的累积隐私损失。因此,在集中差分隐私保护机制之下也可以继续这条路线的研究工作。

第6章 面向核支持向量机的差分隐私混合机制保护方法

针对核支持向量机分类模型中支持向量的隐私泄露问题,提出了一种基于指数机制和拉普拉斯机制的差分隐私混合机制保护方法。本章介绍了该方法的主要思想和算法描述,利用指数机制和拉普拉斯机制的各自优势,通过对分类模型中的支持向量进行后置处理的方式,来保护支持向量的隐私信息,实现了输出扰动,并从理论上证明该方法满足差分隐私,通过对比实验验证该方法的有效性。

6.1 引言

随着大数据时代的到来,以及计算机设备在数据采集、存储和处理能力等方面的快速发展,从数据中提取和分析有用的信息可以为企业决策和个性化服务提供技术支持,同时给人们的日常生活也带来了极大的便利。人们对数据共享和分析的要求越来越高,既希望提供的数据能产生社会价值,获得更好的服务体验,又不希望泄露数据中包含的个人隐私信息。因此,在研究机器学习等数据提取和分析工具时,需要平衡好算法的性能和隐私保护之间的矛盾。

支持向量机是机器学习中一种高效的分类方法,仅需要很少的训练样本即可完成分类模型的训练,尤其是核函数方法的引入,在解决高维度、非线性数据分类方面明显优于其他机器学习方法。支持向量机是通过解决二次优化问题获得最优的分类超平面,即最终的分类模型或决策函数,用于对未知数据进行分类。当训练数据线性可分时,可以采用线性支持向量机进行分类;当训练数据中存在少量数据线性不可分时,可以采用软间隔支持向量机进行分类,引入松弛变量,允许存在少量误差数据;当训练数据在线性情况下严重不可分或误差太高时,可以采用核支持向量机进行非线性分类。核支持向量机的基本思想是:当训练数据线性不可分时,可以将原始训练数据映射到一个更高维的特征空间,使高维特征空间的训练数据线性可分。但特征空间的维度可能很高,直接计算特征空间中训练数据的内积有时会很困难,可以用原始训练数据经核函数变换替代特征空间中训练数据的内积,而且无须给出具体的映射表示。如果一个函数是对称的,且对应的核矩阵也是半正定的,则该函数就可以作为核函数使用。核支持向量机的训练过程与线性支持向量机的训练过程相同,区别仅在于最终发布的分类模型中用核函数表示(代替了训练数据的内积)。训练核支持向量机的常用核函数主要有以下几种,其中高斯核等以训练数据之间的距离作为参数的核函数又被称为转换不变的核。

线性核:

$$K(x_i, x_j) = x_i^{\mathrm{T}} x_j \qquad (6-1)$$

多项式核:

$$K(x_i, x_j) = (x_i^{\mathrm{T}} x_j)^d \qquad (6-2)$$

高斯(RBF)核:

$$K(x_i, x_j) = \exp\left(-\frac{\|x_i - x_j\|^2}{2\sigma^2}\right) \qquad (6-3)$$

Sigmoid 核:

$$K(x_i, x_j) = \tanh(\beta x_i^{\mathrm{T}} x_j + \theta) \qquad (6-4)$$

支持向量机的训练过程也是确定哪些训练数据将成为支持向量的过程。支持向量是分类模型的重要组成部分,决定了最大分类间隔。尤其在训练核支持向量机解决线性不可分数据的分类任务时,支持向量将随分类模型同时发布,而支持向量本身又是来自训练数据的完整实例,与其他机器学习方法相比,存在更严重的隐私泄露问题。因此,在发布核支持向量机分类模型时,需要同时保护支持向量中包含的隐私信息。

差分隐私已经成为隐私保护方法的公认标准,属于基于数据扰动的隐私保护方法,已成功应用于数据发布和机器学习中,通过在数据发布结果或是机器学习的各阶段引入随机性来达到隐私保护的目的。但针对支持向量机分类模型的隐私泄露问题,已有的研究成果较少,且存在一定不足。相关研究工作已在绪论中对差分隐私保护方法的国内外研究现状进行了总结,这里再重点强调一下部分主要研究方法存在的不足。针对线性支持向量机,基于输出扰动或目标扰动的方法要求损失函数是连续且可微的,不能直接应用于传统的支持向量机,需要替换常用的损失函数,并且函数的敏感度也很难计算。针对核支持向量机,基于随机投影的方法将训练数据投影到随机的高维特征空间来近似核函数,再应用线性支持向量机的隐私保护方法发布分类模型,无法避免线性支持向量机隐私保护方法的不足,同时适当的投影维度也是需要考虑的问题;与基于随机投影的方法类似,基于特征映射机制的方法将训练数据映射到随机的高维特征空间后,对分类模型输出添加随机的噪声,但仅支持高斯核等部分转换不变的核函数。部分隐私支持向量机保护方法只针对训练数据存在的特殊情况,如要求部分开源数据、训练数据缺失或不完整以及标签数据有限等,不具有通用性。

本章主要针对核支持向量机分类模型中支持向量的隐私泄露问题,并考虑已有隐私保护方法存在的不足,提出了一种基于指数机制和拉普拉斯机制的差分隐私混合机制保护方法,利用指数机制和拉普拉斯机制的各自优势,通过对分类模型中的支持向量进行后置处理的方式,来保护支持向量的隐私信息,实现了输出扰动。本章的主要贡献概括如下:

· 提出了一种基于指数机制和拉普拉斯机制的差分隐私混合机制保护方法 DPKSVMEL,通过对分类模型中的支持向量进行后置处理,来保护支持向量的隐私信息。

· 定义了一个相似性参数 Similarity,表示非支持向量与每个支持向量之间的相关性或距离,参数值可以从训练过程中产生的对称核矩阵直接获得。

· 根据 Similarity 的最大值,将所有非支持向量及支持向量划分成不相交的分组,同时,按照设置的 Similarity 下限值计算指数机制和拉普拉斯机制的敏感度。

· 借鉴差分隐私 $top-k$ 频繁模式挖掘的算法思想,根据组内非支持向量数是否大于 k,分别采用指数机制或拉普拉斯机制保护组内支持向量的隐私信息。

· 从理论上证明了 DPKSVMEL 方法满足差分隐私,并通过仿真实验验证了该方法的有效性,相比于已有的隐私支持向量机方法,能获得更好的分类性能。

6.2 基于指数机制和拉普拉斯机制的差分隐私混合机制保护方法

在支持向量机的分类模型中,支持向量组成了最终的分类超平面,也决定了最大分类间隔,而且支持向量从本质上来说就是来自原始训练数据的完整实例。当训练数据中包含个人敏感信息时,直接发布支持向量机分类模型将会给个人隐私信息带来威胁。尤其在发布核支持向量机分类模型时,训练支持向量机所用的核函数及支持向量将随分类模型同时发布,用来对未知分类数据进行预测,从隐私保护的角度,这是一个严重的隐私泄露问题。因此,需要在发布支持向量机分类模型时,保护支持向量中所包含的隐私信息,同时又不影响支持向量机的分类性能。已有的针对核支持向量机的隐私保护方法主要包括两种:一种是基于随机投影的方法,将其转化成线性支持向量机分类,然后利用差分隐私保护方法,以在分类模型的输出或目标函数中添加随机噪声的方式来解决线性支持向量机的隐私泄露问题,但失去了核函数在解决高维甚至是无限维数据非线性数据分类上的优势,而且线性支持向量机的差分隐私保护方法要求损失函数满足连续可微的条件,也不能直接应用到传统的支持向量机中。另一种是基于特征映射的方法,将训练数据映射到随机的高维特征空间后,对分类模型的输出添加随机噪声,但仅支持高斯核等以训练数据之间的距离作为参数且具有转换不变性的核函数,不具有通用性,这在一定程度上也限制了核函数的应用。目前,尚无一种对分类模型中的支持向量直接进行隐私处理的有效方法。

6.2.1 主要思想

本章的研究目标是解决核支持向量机分类模型中支持向量的隐私泄露问题,提出了一种差分隐私混合机制保护方法,该方法组合使用指数机制和拉普拉斯机制,保护分类模型中支持向量的隐私信息。该方法在不改变核支持向量机训练过程的情况下,在训练核支持向量机之后,通过对分类模型中的支持向量进行隐私的后置处理,来保护支持向量中包含的隐私信息。其中的隐私处理过程可以利用差分隐私保护方法来实现。把全部训练数据看成是多维空间中分布的数据点,而支持向量只是其中用于组成分类模型的一部分数据,其他的训练数据也被称为非支持向量,不会出现在最终的分类模型中,因此非支持向量不存在隐私泄露的问题。在核支持向量机的训练过程中,产生了对称核矩阵 Q,矩阵中的元素相当于任意两个训练数据表示的数据点之间距离的度量,也可以很容易从 Q 中提取出每个非支持向量与支持向量之间的距离关系。因此,两者之间的距离可以直接从对称核矩阵 Q 获得,而不需要额外的单独计算。而且,这里的距离关系是由核函数表示的在高维特征空间中两者之间的距离,而不是在原始输入空间中的距离。以支持向量为基准点,通过比较每个非支持向量与其之间的距离关系,可以找到与该支持向量距离最近的 k 个点,其中 k 是一个预先指定的参数。当某个支持向量附近存在的非支持向量多于 k 时,这 k 个点的选择需要应用指数机制进行随机选择,然后利用这 k 个点的平均值来替代原始的支持向量;当某个支持向量附近的非支持向量数少于 k 时,便无法应用指数机制,需要应用拉普拉斯机制对该支持向量添加随机噪声,相当于在该支持向量附近生成了一个新的支持向量,同样可以保护该支持向量的隐私信息。

　　以上是该混合机制保护方法的主要思想,在该方法中组合使用了指数机制和拉普拉斯机制两种差分隐私保护方法的实现机制。该混合机制保护方法的提出主要是受差分隐私 top $-k$ 频繁模式挖掘方法思想的启发,下面将简要介绍组合使用两种隐私机制在频繁模式挖掘方法中的应用及主要研究成果,并对两种方法进行了比较。

6.2.2　差分隐私频繁模式挖掘

　　频繁模式挖掘方法是要从事务数据集中提取不同模式之间的相关关系,并发布数据集中的频繁模式及其支持度计数,当数据集中包含敏感信息时,将会泄露个人隐私。为了解决这一问题,张啸剑等人提出了最早的差分隐私频繁模式挖掘算法 DP – topkP;Zhang 等人提出了频繁模式挖掘算法 FP – Growth 的差分隐私版本 DFP – Growth;Wang 等人针对高维数据 top $-k$ 频繁列发布的问题,提出了一种基于差分隐私的两阶段选择方案;Liang 等人针对频繁项集挖掘的隐私问题,提出应用差分隐私保护方法保证算法的输出对任何单个元组都不敏感;Wang 等人针对数据流频繁模式挖掘的隐私问题,提出了一种跨多个数据流的闭合共生模式挖掘算法。以上差分隐私频繁模式挖掘方法基本都是组合使用指数机制和拉普拉斯机制来保护频繁模式及其支持度计数中的个人隐私信息,主要包含两个关键的隐私处理步骤:首先利用指数机制选择 $top-k$ 频繁模式,然后利用拉普拉斯机制对所选模式的真实支持度计数添加随机噪声。可以看出,组合使用两种差分隐私实现机制可以有效地解决频繁模式挖掘的隐私泄露问题,是一个成功的案例,其中指数机制用于非数值型数据的选择,拉普拉斯机制用于数值型数据的输出。受该思想的启发,本章提出了一种基于指数机制和拉普拉斯机制的差分隐私混合机制保护方法 DPKSVMEL,通过对分类模型中支持向量进行隐私后置处理的方式保护支持向量中包含的隐私信息。DPKS-VMEL 方法与上述方法的相同之处是组合使用指数机制和拉普拉斯机制实现差分隐私保护,而且对 k 个候选集(非支持向量或频繁项集)使用指数机制进行随机选择的原理也是相同的;不同之处在于上述方法需要在两个阶段分别应用两种差分隐私实现机制对频繁模式和支持度计数进行隐私处理,而 DPKSVMEL方法是根据支持向量附近的非支持向量的个数是否满足大于给定参数 k 的值选择使用指数机制或拉普拉斯机制中的一种来隐私地处理支持向量,也可以把拉普拉斯机制看成是特殊情况下对指数机制的一种补充保护机制,比如训练数据表示的数据点分布较为稀疏时。

6.2.3　实现过程

为了保护核支持向量机分类模型中支持向量的隐私信息,借鉴差分隐私 $top-k$ 频繁模式挖掘方法组合使用两种隐私实现机制的成功经验,本章提出了一种基于指数机制和拉普拉斯机制的差分隐私混合机制保护方法 DPKSVMEL,通过对分类模型中包含的支持向量进行后置处理来保护支持向量的隐私信息。前文已经介绍了 DPKSVMEL 方法的主要思想,下面将详细介绍该方法的具体实现过程,并通过一个具体示例来展示该方法实现过程中的关键步骤。DPKS-VMEL 方法的完整实现过程主要包括以下几个步骤:

(1)在原始数据集上训练一个非隐私的核支持向量机,不改变传统的支持向量机训练过程,并获得分类模型及对称核矩阵 Q,同时对支持向量和非支持向量分别做好标记。

(2)定义了一个相似性参数 Similarity,表示非支持向量与每个支持向量之间的相关性或距离,参数值可以从对称核矩阵 Q 直接获得,并按照设置的 Similarity 下限值计算指数机制和拉普拉斯机制的敏感度。

(3)根据每个非支持向量 Similarity 参数的最大值,将所有非支持向量划分到与其对应的支持向量的分组中。

(4)判断组内非支持向量数是否大于 k,分别采用指数机制或拉普拉斯机制保护组内支持向量的隐私信息。

(5)发布满足差分隐私的分类模型。

图 6.1 给出了 DPKSVMEL 方法实现过程的一个示例。

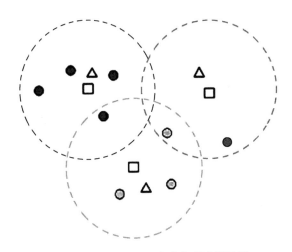

图 6.1　DPKSVMEL 方法实现过程示例

在图 6.1 中,共有 3 个支持向量和 8 个非支持向量。大圆表示分组,正方形表示支持向量,小圆表示非支持向量,三角形表示经隐私处理后生成的新支持向量。每个分组使用不同的颜色表示,可以看成一个以支持向量为中心、以相似性参数为半径的超球体。每个非支持向量按照其 Similarity 的最大值被划分到对应的分组中。同时,为了满足差分隐私的并行组合性,每个非支持向量只属于其中一个分组,因此划分之后的分组不存在交集。本例中参数 k 的值设置为 2,在黑色分组和浅灰色分组中非支持向量的个数大于 k,采用指数机制随机选择最相似的两个非支持向量计算平均值,生成新的隐私支持向量;在深灰色分组中只有一个非支持向量,使用拉普拉斯机制添加随机噪声生成新的隐私支持向量。经过迭代,分类模型中的支持向量都被隐私处理后可以直接对外发布。

6.2.4　相似性参数

在 DPKSVMEL 方法中,定义了一个相似性参数 Similarity,该参数既可以决定非支持向量将被划分到哪个具体的对应分组中,又可以用来计算指数机制和拉普拉斯机制的敏感度。以高斯核为例,可以将式(1-1)中的对称核矩阵 Q 看成是训练数据中任意两个实例之间相似性的概率。相似性参数 Similarity 的正式定义如下:

定义 6.1(相似性参数 Similarity)　对于任意一个非支持向量 x_i 及支持向量 x_j,两者之间的相似性参数 Similarity 可由式(6-5)计算得到。

$$Similarity_{ij} = Q_{ij} = y_i * y_j * K(x_i, x_j) =$$
$$y_i * y_j * \exp(- gamma * \| x_i - x_j \|^2) \qquad (6-5)$$

在式(6-5)中,Similarity 是对称核矩阵 Q 的一个子集,可以在支持向量机的训练过程中直接获得,不需要额外的复杂计算。如果非支持向量与支持向量的标签相同,属于同一类别,Similarity 值越大,则两者相关性越大、距离越小,被划分到同一分组的概率越大。如果两者标签不同,则 Similarity 值小于零,对应的非支持向量将被从分组中丢弃,不参与组内计算。

6.2.5　敏感度及隐私预算

在 DPKSVMEL 方法中,可以将 Similarity 看成是非支持向量与支持向量之间相关性的概率,并为 Similarity 设置一个下限 LLS,表示两者相关性的最小值或距离的最大值。LLS 值决定了对某个支持向量所使用的隐私保护机制及敏感度。当 LLS 值较小时,组内非支持向量个数较多,多采用指数机制,随机选取的非支持向量与支持向量相似性更高;而当 LLS 值较大时,超球体半径较小,多采用拉普拉斯机制,引入的随机性也更小。因此,DPKSVMEL 方法利用了指数机制和拉普拉斯机制的各自优势。如果 Similarity 值小于 LLS,说明非支持向量与支持向量之间的相关性太小或距离太大,则该非支持向量将被从分组中丢弃。当 LLS 固定后,分组对应的超球体半径也就确定了,指数机制和拉普拉斯机制的敏感度可以很容易由 LLS 计算,分别用 S_{em} 和 S_{lm} 表示。

$$S_{em} = 1 - LLS \tag{6-6}$$

$$S_{lm} = sqrt[-lg(LLS)] \tag{6-7}$$

指数机制和拉普拉斯机制的敏感度计算公式推导过程如下:

(1)指数机制的敏感度 S_{em}:在指数机制中,使用 Similarity 作为打分函数。在固定 LLS 的情况下,当非支持向量与支持向量重合时,Similarity 取最大值为 1;当非支持向量在超球体表面时,Similarity 取最小值为 LLS。因此,指数机制的敏感度为两者之差,如式(6-6)所示。

(2)拉普拉斯机制的敏感度 S_{lm}:在拉普拉斯机制中,定义超球体的半径 R,表示在分组内非支持向量与支持向量之间的最大距离,与 LLS 相对应。将 LLS 及 R 代入式(6-5)中,得到两者的对应关系如式(6-8)所示。

$$LLS = exp(-gamma * \| R \|^2) \tag{6-8}$$

其中,gamma 是一个尺度参数,如果数据集有 n 个属性,则默认值为 $1/n$。LLS 给定后,由式(6-8)可以转换得到半径 R 的计算公式,即

$$R = sqrt[-n * lg(LLS)] \tag{6-9}$$

由于 R 表示组内非支持向量与支持向量之间的最大距离,训练数据中各个属性之间又是相互独立的,根据空间中两点间距离的公式,可得到任意单个属性值的最大变化范围最多不超过 $sqrt[-lg(LLS)]$。因此,拉普拉斯机制的敏感度如式(6-7)所示。

在 DPKSVMEL 方法中,根据 Similarity 值将每个非支持向量划分到一个以支持向量为中心的分组中,每个非支持向量只属于其中一个分组,各分组之间不存在交集。因此,该方法满足定理 1.2 差分隐私的并行组合性,在对每个分组分别进行隐私处理时,无论采用指数机制还是拉普拉斯机制,都消耗相同的隐私预算。

6.2.6　算法描述

前文介绍了 DPKSVMEL 方法实现过程的简要步骤,这里给出具体的算法实现:

算法 6.1　差分隐私混合机制保护方法 DPKSVMEL

具体内容

输入：ε 为隐私预算；LLS 为相似性下限；N_{ns} 为组内非支持向量个数；k 为组内非支持向量个数下限

输出：包含隐私支持向量 SV_p 的分类模型

1. 训练核支持向量机，得到分类模型、支持向量 SV 及对称核矩阵 Q

2. 从 Q 的子集计算 Similarity，且 Similarity 值不小于 LLS

3. 根据每个非支持向量的 Similarity 最大值，将其划分到对应的分组中

4.　　　for 第 i 个以支持向量为中心的分组

5.　　　　　if $N_{ns} > k$ then

6.　　　　　　　将组内每个非支持向量的 Similarity 值转化为被选择的概率 Pr_{ns}

7.　　　　　　　利用指数机制以概率 Pr_{ns} 随机选取最相似的 k 个非支持向量

8.　　　　　　　$SV_{pi} = $ 所选 k 个非支持向量的平均值

9.　　　　　else

10.　　　　　　　for 支持向量的第 j 个属性

11.　　　　　　　　利用拉普拉斯机制添加随机噪声

12.　　　　　　　　$SV_{pij} = SV_{ij} + LAP(S_{lm} / \varepsilon)$

13. 输出包含隐私支持向量 SV_p 的分类模型

DPKSVMEL 方法通过对分类模型中支持向量进行后置处理的方式来保护支持向量的隐私信息，根据 Similarity 值将非支持向量划分到以支持向量为中心的对应分组中，由于设置了 LLS，部分与支持向量相关性不大以及不属于同一类别的非支持向量将被直接丢弃，不参与组内的运算。最后发布一个不包含支持向量隐私信息的分类模型。

6.2.7　隐私分析

在 DPKSVMEL 方法中，通过指数机制和拉普拉斯机制引入随机性，分别处理每个支持向量。根据差分隐私的定义，通过定理 6.1 可以证明 DPKSVMEL 方法满足差分隐私。

定理 6.1　DPKSVMEL 方法满足差分隐私。

　　证明　在 DPKSVMEL 方法中,通过对分类模型中的支持向量进行后置处理来实现差分隐私。根据 Similarity 值,将每个非支持向量划分到一个以支持向量为中心的分组中,每个非支持向量只属于其中一个分组,各分组之间不存在交集。根据差分隐私的定义,在数据集中增加一个新的训练实例给分类模型带来的影响,可以分为以下三种情况:

　　(1)新实例经过训练后成为一个支持向量,则增加了一个新的分组,可以采用拉普拉斯机制进行隐私处理。

　　(2)新实例经过训练后成为一个非支持向量,并且被划分到某一分组中,只是在组内增加了一个供指数机制随机选择的非支持向量。

　　(3)新实例经过训练后成为一个非支持向量,并且未被划分到任何分组中,分类模型不受影响。

　　根据敏感度的计算公式(6-6)和(6-7),以及指数机制或拉普拉斯机制的定义,两种机制在处理每个分组时都满足差分隐私,应用差分隐私的并行组合性,所以 DPKSVMEL 方法满足差分隐私。

6.3　仿真实验

　　为了测试 DPKSVMEL 方法的可用性,通过真实数据集上的仿真实验验证了使用该方法训练的核支持向量机分类模型的分类性能。由于部分隐私支持向量机未提供实用的且可比较的实验结果,所以 DPKSVMEL 方法的分类性能仅与 LABSAM 算法、DPSVMDVP 算法以及传统的非隐私核支持向量机进行了对比,并采用相同的隐私预算设置。

6.3.1　数据集

　　DPKSVMEL 方法使用 LIBSVM(版本 3.25)程序包及 GNU OCTAVE 开发环境(版本 5.2)训练传统的非隐私核支持向量机,相关参数采用程序中默认的设置值及高斯核函数。在对比仿真实验中,所用的数据集均是测试支持向量机算法性能的常用数据集,可以从相关网站直接下载。表 6.1 中给出了 8 个数据集的基本信息,包括实例数、特征数,以及在默认参数下非隐私核支持向量机分类模型中的支持向量机数及由 ACCURACY 和 AUC(ROC 曲线下的面积)两个度量指标表示的分类正确性。

表 6.1　数据集的基本信息

序号	数据集	实例数	特征数	支持向量机数	ACCURACY	AUC
1	Australian	690	14	244	85.80	0.9464
2	Breast	683	10	66	97.36	0.9952
3	Heart	270	13	132	86.67	0.9314
4	Ionosphere	351	34	137	94.59	0.9834
5	Sonar	208	60	159	86.54	0.9353
6	German	1000	24	599	81.20	0.8603
7	Diabetes	768	8	447	78.13	0.8483
8	Splice	1000	60	607	94.30	0.9864

6.3.2　算法性能实验

使用 DPKSVMEL 方法对核支持向量机分类模型中的支持向量进行隐私处理后,生成的隐私分类模型的分类性能通过 ACCURACY 和 AUC 两个度量指标进行评估,并与已有的隐私核支持向量机方法及非隐私核支持向量机方法进行对比。两个度量指标的值越高,说明该方法的分类性能及可用性越好。为了评估不同参数对隐私分类模型分类性能的影响,将 k 值设置为 2 和 3,隐私预算 ε 值设置为 0.1,0.5 和 1,LLS 设置在 0.5 ~ 0.9 范围区间内。同时,为了平衡差分隐私引入的随机性给分类性能带来的影响,在每组参数设置情况下执行 DPKSVMEL 算法 10 次。表 6.2 给出了 DPKSVMEL 算法 10 次运行时间的统计情况。表 6.3 和表 6.4 分别列出了 ACCURACY 和 AUC 两个度量指标在数据集 Australian 和 Breast 上的平均值、标准差、最大值和最小值,表中加粗数值表示在相同隐私预算下 ACCURACY 和 AUC 两个度量指标平均值的最好情况。

表 6.2　DPKSVMEL 算法的运行时间

单位：s

数据集	平均值	标准差	最大值	最小值
Australian	0.0579	0.0044	0.0683	0.0480
Breast	0.0239	0.0053	0.0330	0.0136
Heart	0.0225	0.0030	0.0309	0.0154
Ionosphere	0.0321	0.0029	0.0391	0.0270
Sonar	0.0257	0.0015	0.0323	0.0226
German	0.1482	0.0128	0.1646	0.1227
Diabetes	0.0702	0.0012	0.0746	0.0677
Splice	0.2159	0.0120	0.2524	0.2011

表 6.3　DPKSVMEL 算法在数据集 Australian 上的分类性能

k	ε	LLS	ACCURACY				AUC			
			平均值	标准差	最大值	最小值	平均值	标准差	最大值	最小值
2	0.1	0.5	83.43	2.54	85.94	78.26	0.8963	0.0237	0.9188	0.8352
		0.6	83.36	1.84	86.09	81.30	0.8988	0.0096	0.9148	0.8884
		0.7	85.59	1.15	87.68	83.77	0.9077	0.0211	0.9268	0.8505
		0.8	84.41	2.88	87.25	77 68	**0.9162**	0.0102	0.9277	0.8992
		0.9	**86.07**	0.63	87.39	85.22	0.9135	0.0100	0.9246	0.8940
2	0.5	0.5	84.17	2.47	87.10	80.58	0.9041	0.0173	0.9266	0.8787
		0.6	85.32	1.35	87.25	83.04	0.9096	0.0164	0.9297	0.8729
		0.7	84.71	3.59	87.83	75.65	0.9163	0.0101	0.9281	0.8986
		0.8	85.67	1.74	87.97	82.61	0.9220	0.0052	0.9297	0.9116
		0.9	**85.88**	1.02	87.10	83.48	0.9188	0.0127	0.9324	0.8915
2	1	0.5	85.30	1.83	86.81	80.87	0.9171	0.0071	0.9261	0.9038
		0.6	**86.59**	1.00	88.12	85.07	0.9258	0.0075	0.9370	0.9122
		0.7	86.23	0.78	87.68	84.78	0.9226	0.0097	0.9317	0.8985
		0.8	**86.59**	0.79	87.54	85.51	**0.9295**	0.0026	0.9338	0.9246
		0.9	86.52	0.56	87.39	85.80	0.9287	0.0062	0.9372	0.9181

续表

k	ε	LLS	ACCURACY				AUC			
			平均值	标准差	最大值	最小值	平均值	标准差	最大值	最小值
3	0.1	0.5	80.71	5.92	86.67	68.26	0.8776	0.0410	0.9187	0.7975
		0.6	83.55	2.72	86.96	78.26	0.9023	0.0118	0.9174	0.8849
		0.7	82.65	2.91	86.23	78.41	0.9087	0.0155	0.9240	0.8693
		0.8	85.43	1.48	87.10	82.61	0.9130	0.0135	0.9271	0.8944
		0.9	86.03	0.88	87.39	84.49	0.9078	0.0139	0.9223	0.8764
3	0.5	0.5	81.04	5.49	86.52	68.84	0.8987	0.0197	0.9228	0.8606
		0.6	83.26	2.87	86.52	78.84	0.8994	0.0163	0.9175	0.8711
		0.7	82.20	6.73	87.83	67.25	0.9072	0.0165	0.9277	0.8725
		0.8	85.64	2.14	87.54	80.29	0.9153	0.0132	0.9318	0.8848
		0.9	85.87	1.50	87.10	81.88	**0.9224**	0.0072	0.9324	0.9096
3	1	0.5	84.87	2.28	87.25	79.57	0.9229	0.0058	0.9297	0.9148
		0.6	85.36	1.42	86.96	82.46	0.9158	0.0099	0.9316	0.8955
		0.7	86.14	1.82	87.54	81.59	0.9230	0.0081	0.9361	0.9105
		0.8	86.20	0.61	87.10	85.22	0.9262	0.0084	0.9368	0.9142
		0.9	86.41	0.57	87.25	85.65	0.9283	0.0040	0.9338	0.9225

表6.4 DPKSVMEL 算法在数据集 Breast 上的分类性能

k	ε	LLS	ACCURACY				AUC			
			平均值	标准差	最大值	最小值	平均值	标准差	最大值	最小值
2	0.1	0.5	96.71	0.59	97.22	95.46	0.9943	0.0007	0.9955	0.9930
		0.6	96.65	0.51	97.22	95.31	**0.9946**	0.0003	0.9952	0.9943
		0.7	96.88	0.30	97.22	96.34	0.9944	0.0007	0.9953	0.9926
		0.8	97.04	0.31	97.51	96.49	0.9939	0.0011	0.9950	0.9910
		0.9	**97.26**	0.20	97.51	96.78	0.9935	0.0009	0.9948	0.9923

续表

k	ε	LLS	ACCURACY				AUC			
			平均值	标准差	最大值	最小值	平均值	标准差	最大值	最小值
2	0.5	0.5	96.79	0.28	97.36	96.34	**0.9948**	0.0003	0.9952	0.9943
		0.6	96.49	0.45	97.07	95.75	0.9945	0.0004	0.9952	0.9939
		0.7	97.10	0.28	97.51	96.63	0.9944	0.0003	0.9948	0.9938
		0.8	97.23	0.21	97.36	96.78	0.9936	0.0007	0.9948	0.9926
		0.9	**97.31**	0.19	97.51	96.93	0.9937	0.0008	0.9951	0.9923
2	1	0.5	96.54	0.50	97.36	95.90	0.9951	0.0003	0.9954	0.9946
		0.6	96.53	0.49	97.22	95.90	0.9950	0.0004	0.9954	0.9944
		0.7	97.12	0.25	97.36	96.63	0.9947	0.0004	0.9950	0.9939
		0.8	97.42	0.17	97.66	97.22	0.9940	0.0007	0.9948	0.9926
		0.9	97.39	0.18	97.66	97.07	0.9931	0.0008	0.9941	0.9916
3	0.1	0.5	96.09	0.68	96.78	95.02	0.9942	0.0007	0.9952	0.9929
		0.6	96.54	0.44	97.07	95.75	0.9945	0.0004	0.9949	0.9937
		0.7	96.73	0.72	97.66	95.02	0.9940	0.0007	0.9951	0.9927
		0.8	96.84	0.40	97.36	96.19	0.9940	0.0006	0.9950	0.9931
		0.9	97.13	0.17	97.36	96.78	0.9945	0.0008	0.9958	0.9930
3	0.5	0.5	96.11	0.51	97.07	95.17	0.9947	0.0008	0.9953	0.9927
		0.6	96.40	0.65	97.51	95.61	**0.9948**	0.0005	0.9958	0.9936
		0.7	97.04	0.38	97.36	96.34	**0.9948**	0.0004	0.9952	0.9943
		0.8	97.26	0.32	97.80	96.93	0.9941	0.0008	0.9955	0.9924
		0.9	97.28	0.17	97.51	97.07	0.9938	0.0010	0.9949	0.9919
3	1	0.5	96.56	0.35	97.07	95.90	**0.9952**	0.0004	0.9957	0.9944
		0.6	96.78	0.14	97.07	96.63	**0.9952**	0.0003	0.9955	0.9947
		0.7	97.31	0.25	97.66	96.78	0.9944	0.0006	0.9953	0.9932
		0.8	97.39	0.22	97.95	97.22	0.9940	0.0011	0.9950	0.9919
		0.9	97.44	0.10	97.66	97.36	0.9941	0.0007	0.9951	0.9930

　　从表6.3和表6.4中支持向量机分类模型的 ACCURACY 和 AUC 两个度量指标的实验结果来看,设置合适的 k、ε 及 LLS 参数值,使用 DPKSVMEL 方法发

布的分类模型可以获得较好的分类性能。而且两个度量指标的实验结果相近，都在隐私预算 ε 值较大或是相似性下限 LLS 值较大时获得了更好的分类性能度量指标值。其中，参数 k 对两个度量指标的各项统计结果影响较小，在不同数据集上当参数 k 取值为 2 或 3 时，都获得过最优的分类性能度量指标值。隐私预算 ε 值对两个度量指标的各项统计结果有一定影响，而且随着隐私预算 ε 值的增大，两个度量指标的平均值和最大值都有增大的趋势，但由于 DPK-SVMEL 方法在对分类模型中的支持向量进行隐私处理时引入了随机性，因此两个度量指标的平均值和最大值增大的趋势不是始终如一的，存在偶尔减小的情况。同时，随着隐私预算 ε 值的增大，由于 DPKSVMEL 方法在对支持向量进行隐私处理时引入的随机性在减小，因此两个度量指标的标准差也在减小，使用 DPKSVMEL 方法发布的分类模型也更稳定。当隐私预算 ε 值固定时，随着相似性下限 LLS 值的增大，两个度量指标的平均值和最大值也有增大的趋势，标准差同样有减小的趋势。因此，隐私预算 ε 值和相似性下限 LLS 值对两个度量指标统计结果的影响趋势比较相近，为了提高 DPKSVMEL 方法发布的分类模型的分类性能，可以考虑为这两个参数设置相对较大的值。但从不同的数据集上两个度量指标的统计结果来看，并不是所有的最优分类性能度量指标值都是在隐私预算 ε 和相似性下限 LLS 两个参数都设置为最大时的情况下获得的，因此在设置这两个参数值时还要考虑二者之间的相互影响。

为了验证每个单独参数以及任意两个参数组合对分类性能的影响，分别在不同数据集上采用方差分析法 ANOVA 测试了两个分类性能度量指标的平均值。表6.5 和表6.6 分别列出了 ACCURACY 和 AUC 两个度量指标的方差分析结果的 p 值，可以得出以下结论：对于大部分数据集来说，隐私预算 ε 值和相似性下限 LLS 值在 $p < 0.05$ 的水平上，对 ACCURACY 和 AUC 两个度量指标表示的分类性能具有显著影响；而参数 k 以及任意两个参数组合对两个度量指标值的影响不明显。与上文通过不同数据集上两个度量指标的统计结果分析的结论一致。其中，参数 k 对两个度量指标值的影响与数据在空间中的分布有关，在相似性下限 LLS 值固定的情况下，参数 k 取不同的值改变了在对分类模型中支持向量进行隐私处理时所采用的差分隐私实现机制，使发布的分类模型产生变化，分类性能的度量指标值也将随着变化。此外，在 Breast 数据集上，隐私预算 ε 值对应的 AUC 度量指标的 p 值大于 0.05，说明在当前差异水平的限制下

对分类性能的影响不明显,这是因为在不同的隐私预算 ε 值下,AUC 度量指标值的变化很小,与表6.4 中数据的统计结果一致。

表6.5　ACCURACY 方差分析中的 p 值

数据集	k	ε	LLS	$k * \varepsilon$	$k * \text{LLS}$	$\varepsilon * \text{LLS}$
Australian	0.0091	0.0012	0.0016	0.3332	0.1118	0.3509
Breast	0.0260	0.0018	0.0000	0.0175	0.0310	0.1785
Heart	0.0068	0.0000	0.0000	0.1048	0.0459	0.0005
Ionosphere	0.4483	0.0000	0.0019	0.2961	0.9428	0.2353
Sonar	0.2611	0.0000	0.0000	0.2794	0.2078	0.2477
German	0.0764	0.0001	0.0001	0.0623	0.0758	0.0534
Diabetes	0.0177	0.0020	0.0002	0.6524	0.6296	0.8198
Splice	0.0435	0.0000	0.0000	0.4239	0.0996	0.0013

表6.6　AUC 方差分析中的 p 值

数据集	k	ε	LLS	$k * \varepsilon$	$k * \text{LLS}$	$\varepsilon * \text{LLS}$
Australian	0.0907	0.0001	0.0024	0.7050	0.9149	0.4190
Breast	0.1373	0.0948	0.0006	0.8017	0.2128	0.2116
Heart	0.8724	0.0000	0.0000	0.4191	0.5577	0.0149
Ionosphere	0.2056	0.0000	0.0001	0.4157	0.2921	0.1523
Sonar	0.4227	0.0000	0.0000	0.0506	0.3228	0.0029
German	0.1455	0.0000	0.0000	0.6436	0.8194	0.1119
Diabetes	0.0004	0.0000	0.0000	0.0304	0.1873	0.0096
Splice	0.0254	0.0000	0.0000	0.1277	0.1423	0.0001

为了更直观地观察 DPKSVMEL 方法的分类性能受不同参数设置的影响,图6.2~6.5 分别在数据集 Australian 和 Breast 上展示了不同参数 k 和隐私预算 ε 条件下两个度量指标随相似性下限 LLS 变化的情况。可以看出,三个参数的值对算法分类性能的影响与方差分析的结果一致。隐私预算 ε 值越大,算法的分类正确性越高。相似性下限 LLS 对算法分类性能的影响主要与采用的具体

差分隐私实现机制有关,当相似性下限 LLS 值较小时,对应的分组超球体半径较大,各分组中非支持向量个数较多,隐私处理上多采用指数机制,随机选取的非支持向量与支持向量相似性更高;而当相似性下限 LLS 值较大时,对应的超球体半径较小,各分组中非支持向量个数较少,多采用拉普拉斯机制,由于敏感度较小,所以引入的随机性也更小。因此,在不同的相似性下限 LLS 参数下,差分隐私混合机制保护方法能发挥两种实现机制的各自优势,使分类模型都能获得很好的分类性能。

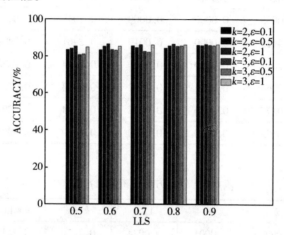

图 6.2　数据集 Australian 上不同 k 和 ε 下的 ACCURACY

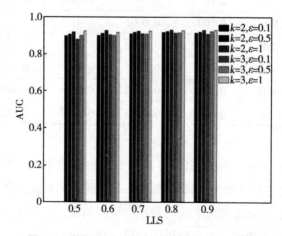

图 6.3　数据集 Australian 上不同 k 和 ε 下的 AUC

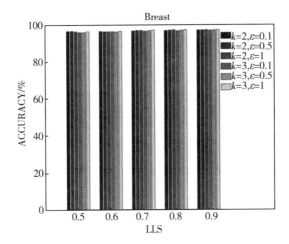

图 6.4　数据集 Breast 上不同 k 和 ε 下的 ACCURACY

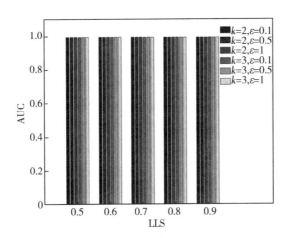

图 6.5　数据集 Breast 上不同 k 和 ε 下的 AUC

　　最后,在实验中对使用 DPKSVMEL 方法发布的支持向量机分类模型在不同数据集上的分类性能分别与非隐私核支持向量机、LABSAM 及 DPSVMDVP 三个算法进行了比较。图 6.6 ~ 6.9 展示了在数据集 Australian 和 Breast 上 DPKSVMEL 方法与非隐私核支持向量机算法在不同隐私预算下的分类性能。当隐私预算 ε 值较小时,DPKSVMEL 方法的分类性能明显低于非隐私核支持向量机算法。随着隐私预算 ε 值的增加,DPKSVMEL 方法的分类性能逐渐接近非隐私核支持向量机。当隐私预算 ε 值增大到 1 时，两个算法的分类性能在 AUC 度量指标上十分相近，且在 Breast 数据集上的相近程度好于 Australian 数据集；而 DPKSVMEL 方法的分类性能在 ACCURACY 度量指标上达到甚至超过了非隐私核支持向量机算法，主要是因为这里给出的是 DPKSVMEL 方法在当前隐私预算 ε 值及不同相似性下限 LLS 值设置情况下平均分类正确性的最好情况。

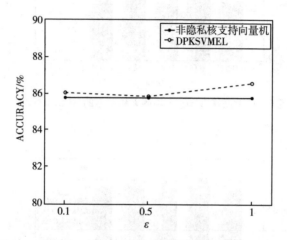

图 6.6 数据集 Australian 上不同 ε、算法下的 ACCURACY 比较

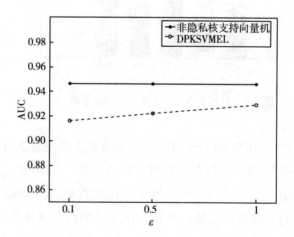

图 6.7 数据集 Australian 上不同 ε、算法下的 AUC 比较

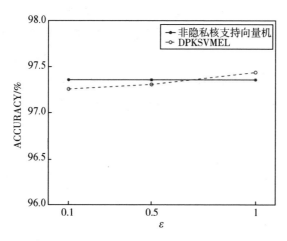

图 6.8　数据集 Breast 上不同 ε、算法下的 ACCURACY 比较

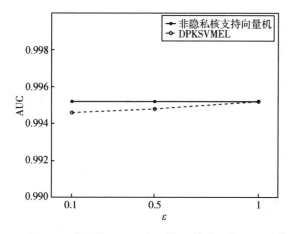

图 6.9　数据集 Breast 上不同 ε、算法下的 AUC 比较

图 6.10~6.14 展示了在 5 个不同数据集上，使用 DPKSVMEL 方法发布的支持向量机分类模型与 LABSAM 算法在不同隐私预算下的分类正确性。可以看出，在相同的隐私预算 ε 值下，DPKSVMEL 方法的分类正确性明显高于 LAB-SAM 算法。且随着隐私预算 ε 值的增加，DPKSVMEL 方法的分类正确性存在不断提高的趋势。当隐私预算 ε 值为 1 时，DPKSVMEL 方法的分类正确性相比于 LABSAM 算法更接近于非隐私核支持向量机算法。但在数据集 Ionoshpere 上，

当隐私预算 ε 值较小时,DPKSVMEL 方法的分类正确性较低,已明显低于 LAB-SAM 算法,主要是因为在该数据集中数据记录较少,数据点在空间分布上较为稀疏,使用 DPKSVMEL 方法在对分类模型中的支持向量进行隐私处理时引入的随机性相对较大,这在一定程度上降低了支持向量机分类模型的分类性能。因此,该方法更适合于在空间分布上相对稠密的数据集。

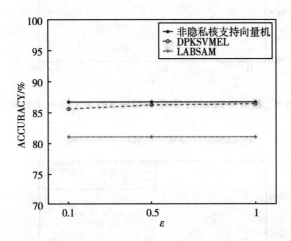

图 6.10 数据集 Heart 上不同 ε、算法下的 ACCURACY 比较

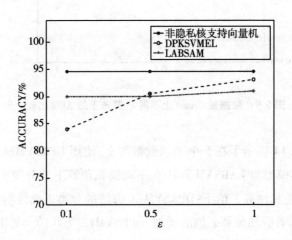

图 6.11 数据集 Ionosphere 上不同 ε、算法下的 ACCURACY 比较

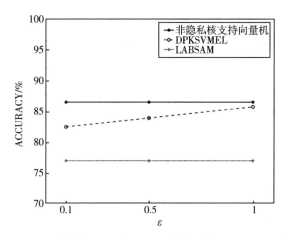

图 6.12　数据集 Sonar 上不同 ε、算法下的 ACCURACY 比较

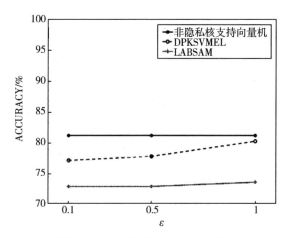

图 6.13　数据集 German 上不同 ε、算法下的 ACCURACY 比较

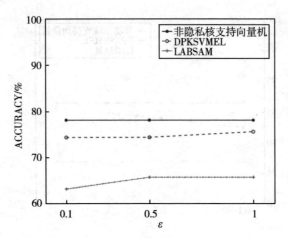

图 6.14　数据集 Diabetes 上不同 ε、算法下的 ACCURACY 比较

图 6.15 展示了在数据集 Splice 上,使用 DPKSVMEL 方法与 DPSVMDVP 算法发布的支持向量机分类模型在不同隐私预算 ε 值下的分类正确性。可以得出与 LABSAM 算法对比时相同的结论,DPKSVMEL 方法的分类正确性略高于 DPSVMDVP 算法。尤其在隐私预算 ε 值设置较小时,DPSVMDVP 算法的分类正确性与非隐私核支持向量机算法差异较大。随着隐私预算 ε 值的增加,使用 DPKSVMEL 方法发布的支持向量机分类模型的分类正确性逐渐提高,当隐私预算 ε 值增大到 1 时,DPKSVMEL 方法获得的分类正确性更接近于非隐私核支持向量机算法。

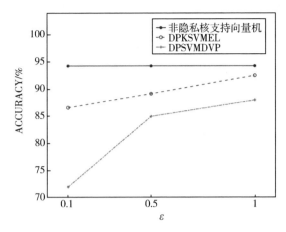

图 6.15　数据集 Splice 上不同 ε、算法下的 ACCURACY 比较

此外,由于 DPKSVMEL 方法是通过对核支持向量机分类模型中的支持向量进行后置处理的方式来保护支持向量包含的隐私信息,传统的非隐私核支持向量机的训练过程没有改变,因此,许多新的支持向量机优化方法可以应用到核支持向量机的训练过程中,然后使用 DPKSVMEL 方法对产生的分类模型中的支持向量机进行隐私处理,在保护分类模型中包含的隐私信息不予泄露的同时,进一步提高支持向量机分类模型的分类性能。

6.4　本章小结

本章主要研究了核支持向量机分类模型中支持向量的隐私泄露问题,提出了一种基于指数机制和拉普拉斯机制的差分隐私混合机制保护方法 DPKS-VMEL。该方法利用两种机制的各自优势,通过对支持向量进行后置处理的方式来保护隐私信息,不改变支持向量机的训练过程,可以结合其他支持向量机优化方法来提高分类性能。该方法定义了一个相似性参数用来对非支持向量进行分组,可以根据相似性下限很容易推导出两种隐私机制的敏感度,克服了输出扰动方法和目标扰动方法存在的不足。真实数据集上的对比实验也验证了该方法在相同隐私预算下的分类性能优于现有的隐私支持向量机方法,且更接近于非隐私核支持向量机。但该方法对于支持向量占比较高的数据集的分类性能不佳,尤其是相似性下限值设置较小时。另外,该方法将核函数值作为非支持向量与支持向量相似性的概率使用,仅对部分值范围为 0~1 的核函数有效。下一步主要从两个方面开展研究工作,一是考虑为不同的分组设置有区别的相似性下限值;二是将该方法扩展到更多的核函数中。

第7章　面向线性支持向量机的差分隐私工作集选择方法

针对线性支持向量机分类模型的隐私泄露问题,提出了一种基于指数机制的差分隐私工作集选择方法。本章介绍了该方法的主要思想和算法描述,改进了训练支持向量机的工作集选择算法,利用指数机制在工作集选择的过程中引入随机性来保护分类模型的隐私信息,实现了方法扰动。并从理论上证明该方法满足差分隐私,通过仿真实验对比了该方法与非隐私支持向量机的分类正确性、优化函数目标值及迭代次数。

7.1　引言

当今社会正步入数字时代,大量的个人信息存储在电子数据库中,支持向量机作为一种高效的分类方法,获得了越来越多的实际应用。根据训练数据集是否可以在线性情况下训练一个优化分隔超平面,一般把支持向量机分为线性支持向量机和核支持向量机两类。两者的训练过程相同,主要区别在于生成的分类模型中是否包含核函数。在对未知分类数据进行预测时,核支持向量机分类模型中的每个支持向量均需与预测数据通过核函数进行运算,并将运算结果求和后作为分类结果;而线性支持向量机分类模型可以先求支持向量的权重和,再与预测数据进行一次内积运算生成分类结果。因此,从两者对未知分类数据的预测原理来看,线性支持向量机在预测阶段比核支持向量机具有更高的执行效率,更适合对大样本数据进行分类;而核支持向量机在对大样本数据进行预测时效率会明显降低,尤其是在分类模型中支持向量数量较大时。当训练数据中包含个人隐私信息时,两者存在不同程度的隐私泄露问题。从分类模型的表现形式来看,核支持向量机中的支持向量需要随分类模型同时发布,隐私泄露问题更严重;而线性支持向量机发布的分类模型是支持向量的权重和,对隐私保护程度的要求稍弱一些。但从差分隐私保护方法的角度来看,线性支持向量机依然存在隐私泄露的风险;当改变一条训练数据时,攻击者依然有可能从分类模型的变化推断出训练数据的隐私信息。而且,现有的隐私核支持向量机算法也是通过随机投影、特征映射等方式将训练数据从原始空间转化为高维特征空间后训练线性支持向量机,并通过输出扰动或目标扰动等隐私方法保护分类模型的隐私信息。因此,在发布线性支持向量机分类模型时同样需要做好隐私保护。

一般来说,训练支持向量机分类模型是通过解决一个二次优化问题来实现的。在式(1-1)中,对称矩阵 Q 是支持向量机待优化目标函数的重要组成部分。最初的优化方法需要在每次迭代中更新整个对偶变量 α,因此很难处理较大的对称矩阵 Q。为了解决这个问题,出现了一类分解方法,在每次迭代中仅更新 α 的一个子集,该子集也被称为工作集,并随着迭代的进行不断更新。确定待优化工作集的方法被称为工作集选择(working set selection,WSS),不同的工作集选择方法决定了支持向量机训练过程的收敛效率,通常是从违反对偶问题 KKT 优化条件的候选集中进行选择。Platt 进一步优化了工作集选择方法,提出了最早的序列最小优化(SMO)算法,限制工作集中仅包含两个元素。这两个违反 KKT 优化条件的待优化元素的下标,也被称为"违反对"。Keerthi 等人指出 SMO 算法中使用单一阈值导致效率低下,改为利用两个阈值参数推导 SMO 算法,并证明了算法的收敛性。Fan 等人提出一种新的工作集选择方法,利用二阶信息实现 SMO 算法的快速收敛,并给出了线性收敛的理论性质。Chen 等人指出分解方法是训练支持向量机的主要方法之一,主要区别在于使用的工作集选择方法不同,总结了 SMO 的分解方法及压缩和缓存技术。Zuo 等人提出了一种改进的工作集选择方法,直接根据 KKT 优化条件选择工作集,简化了子问题的优化步骤,提高了 SMO 算法的效率。Torres - Barrán 等人提出了一种基于共轭下降过程的 SMO 算法,使算法收敛到给定精度所需的迭代次数大幅减少,并证明了算法迭代的收敛性和线性速率。Gu 等人指出 SMO 算法的大部分计算时间都用在迭代的前半部分,提出了一种利用随机梯度下降法加速 SMO 算法的广义框架,有效提高了 SMO 算法的收敛速度。Bisori 等人针对标准二次规划问题,提出一种简单而快速的分解算法,在每次迭代中根据合适的选择规则顺序更新选择的两个变量,并保证算法收敛于平稳点。

　　本章主要针对线性支持向量机分类模型的隐私泄露问题,并考虑已有隐私线性支持向量机方法的不足,如要求目标函数的可微性、复杂的敏感度分析及分类性能较低等,提出了一种基于指数机制的差分隐私工作集选择方法,利用指数机制在工作集选择的过程中引入随机性来保护分类模型的隐私信息,实现了方法扰动。本章的主要贡献如下:

　　·提出了一种基于指数机制的差分隐私工作集选择方法 DPWSS,利用指数机制在每次迭代选择工作集的过程中引入随机性。

　　·提出了一种改进的工作集选择方法,同时为指数机制设计了一个简单的打分函数,该函数的敏感度很容易分析。

　　·为了提高隐私预算的利用率及工作集选择方法的执行效率,在整个支持向量机的训练过程中,限制每组"违反对"只能被选择一次。

　　·从理论上证明了 DPWSS 方法满足差分隐私,通过仿真实验也验证了该方法可以获得与非隐私支持向量机相近的分类正确性和优化函数目标值,同时具有更高的执行效率,更适用于对大样本数据进行支持向量机分类的任务。

7.2　基于指数机制的差分隐私工作集选择方法

　　本章的研究目标是解决线性支持向量机分类模型的隐私泄露问题,提出了一种基于指数机制的差分隐私工作集选择方法 DPWSS。该方法利用指数机制在工作集选择的过程中引入随机性,可以保证每次训练生成的分类模型具有一定的不确定性,防止攻击者根据发布的分类模型推断出模型中包含的隐私信息。该方法弥补了已有的隐私支持向量机方法在输出结果或目标函数中添加随机噪声方式的不足,同时在一定程度上提高了分类模型的性能。本书首次提出在工作集选择的过程中应用差分隐私保护方法来保护支持向量机分类模型的隐私信息。

　　图 7.1 给出了应用该方法发布隐私线性支持向量机分类模型的一个示例。训练数据取自 Heart 数据集中的两个属性,为便于实现线性分类将正负实例分

别进行了放大处理并向两端移动。"＋"和"＊"分别代表两类实例,实线代表原始的非隐私的分类模型,圆圈代表支持向量,虚线代表使用 DPWSS 算法发布的隐私分类模型。可以看出两个分类模型之间的差异很小,可以获得相近的分类性能。

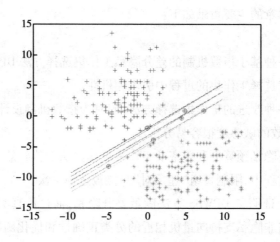

图 7.1　一个隐私分类模型示例

本节首先介绍已有的工作集选择方法,然后提出了一种更适合应用差分隐私保护方法的工作集选择方法改进方案,在此基础上提出了差分隐私工作集选择方法 DPWSS,并给出了具体的算法实现。

7.2.1　工作集选择方法

在 SMO 类型的分解方法中,工作集选择的过程就是确定每次迭代中"违反对"的过程,采用的工作集选择方法也决定了支持向量机训练过程的执行效率,"违反对"的基本概念定义如下:

定义 7.1("违反对")　满足以下限制条件:

$$I_{\mathrm{up}}(\alpha) \equiv \{ t \mid \alpha_t < C, y_t = 1 \ \text{或} \ \alpha_t > 0, y_t = -1 \} \qquad (7-1)$$

$$I_{\mathrm{low}}(\alpha) \equiv \{ t \mid \alpha_t < C, y_t = -1 \ \text{或} \ \alpha_t > 0, y_t = 1 \} \qquad (7-2)$$

其中,变量的含义同式(1-1)。对于第 k 次迭代,如果 $i \in I_{\mathrm{up}}(\alpha^k)$, $j \in I_{\mathrm{low}}(\alpha^k)$ 且 $-y_i \nabla f(\alpha^k)_i > -y_j \nabla f(\alpha^k)_j$,则 $\{i, j\}$ 是一个"违反对",即 α_i 和 α_j 为

工作集中待优化的违反 KKT 条件的元素。

　　"违反对"是工作集选择方法中的基本概念,不同的工作集选择方法,优先选择的"违反对"也不相同。当工作集中包含"违反对"时,可以保证利用 SMO 算法解决待优化的目标函数的值将严格减小。从"违反对"的定义可以看出,为了提高目标函数的收敛效率,一个很自然的想法是找到一组违反 KKT 优化条件最严重的"违反对",即"最大违反对"。

算法7.1　基于"最大违反对"的工作集选择算法——WSS1

具体内容
输入:满足定义 3.1 中相同 $I_{up}(\alpha)$ 和 $I_{low}(\alpha)$ 限制条件的对偶变量 α 及分类标签 y
输出:工作集 B
1. 选择

$$i \in \operatorname*{argmax}_{t}\{-y_t \nabla f(\alpha^k)_t \mid t \in I_{up}(\alpha^k)\} \tag{7-3}$$

$$j \in \operatorname*{argmin}_{t}\{-y_t \nabla f(\alpha^k)_t \mid t \in I_{low}(\alpha^k)\} \tag{7-4}$$

$$\text{或} \ j \in \operatorname*{argmax}_{t}\{y_t \nabla f(\alpha^k)t \mid t \in I_{low}(\alpha^k)\} \tag{7-5}$$

2. 返回 $B = \{I, J\}$

　　文献[212]最早提出了"最大违反对"的概念,WSS1 算法已经成为一种工作集选择的常用方法。文献[35]指出"最大违反对"与式(1-1)中 $f(\alpha)$ 的一阶近似有关,并进行了详细的解释说明,同时提出了一种新的工作集选择方法,可以有效利用更精确的二阶信息,提高工作集选择方法的收敛效率。

算法7.2　基于"二阶信息"的工作集选择算法——WSS2

具体内容

输入:满足定义3.1中相同 $I_{up}(\alpha)$ 和 $I_{low}(\alpha)$ 限制条件的对偶变量 α、分类标签 y 及对称核矩阵 K

输出:工作集 B

1.定义 a_{it} 和 b_{it} ,

$$a_{it} \equiv K_{ii} + K_{tt} - 2K_{it} \tag{7-6}$$

$$b_{it} \equiv -y_i \nabla f(\alpha^k)_i + y_t \nabla f(\alpha^k)_t > 0 \tag{7-7}$$

$$\bar{a}_{it} \equiv \begin{cases} a_{it} & \text{if } a_{it} > 0 \\ \tau & \text{otherwise} \end{cases} \tag{7-8}$$

2.选择

$$i \in \operatorname*{argmax}_t \{ -y_t \nabla f(\alpha^k)_t \mid t \in I_{up}(\alpha^k) \} \tag{7-9}$$

$$j \in \operatorname*{argmin}_t \left\{ -\frac{b_{it}^2}{a_{it}} \mid t \in I_{low}(\alpha^k), -y_t \nabla f(\alpha^k)_t < -y_i \nabla f(\alpha^k)_i \right\} \tag{7-10}$$

3.返回 $B = \{I, J\}$

WSS2 算法选择 i 的方式与 WSS1 算法相同,在选择 j 时利用了二阶信息,且仅需要检查 $O(l)$ 个可能的工作集。与其他使用一阶信息的工作集选择方法相比,WSS2 算法的收敛速度更快,并已成功应用于 LIBSVM 软件包(2.8 版本之后)中。而且 WSS2 算法适用于所有对称核矩阵,包括非正定核矩阵。

Lin 等人指出当工作集 B 包含"最大违反对"时,SMO 类型的分解方法可以收敛到一个平稳点;否则,无法确定该方法是否收敛。Chen 等人提出了一种通用的基于"常量因子违反对"的工作集选择方法,同时证明了该方法的收敛性。当给定一个常量因子 σ 后,选择的"违反对"相当于链接到了"最大违反对"上,也被认为是足够违反的。

算法 7.3　基于"常量因子违反对"的工作集选择算法——WSS3

具体内容

输入：满足定义 3.1 中相同 $I_{\mathrm{up}}(\alpha)$ 和 $I_{\mathrm{low}}(\alpha)$ 限制条件的对偶变量 α 及分类标签 Y

输出：工作集 B

1. 在所有迭代中，给定一个固定的常量因子 σ，且满足 $0 < \sigma \leqslant 1$

2. 计算

$$m(\alpha^k) = \max_t \{-y_t \nabla f(\alpha^k)_t \,|\, t \in I_{\mathrm{up}}(\alpha^k)\} \qquad (7-11)$$

$$M(\alpha^k) = \min_t \{-y_t \nabla f(\alpha^k)_t \,|\, t \in I_{\mathrm{low}}(\alpha^k)\} \qquad (7-12)$$

3. 选择 i, j 满足

$$i \in I_{\mathrm{up}}(\alpha^k), j \in I_{\mathrm{low}}(\alpha^k) \qquad (7-13)$$

$$-y_i \nabla f(\alpha^k)_i + y_j \nabla f(\alpha^k)_j \geqslant \sigma[m(\alpha^k) - M(\alpha^k)] > 0 \qquad (7-14)$$

4. 返回 $B = \{i,j\}$

很显然，式(7-14)与"最大违反对"相关，可以保证选择的工作集 B 的质量。同时，WSS2 算法是 WSS3 算法在特定的 σ 取值下的一个特例。此外，Zhao 等人在利用 LIBSVM 训练支持向量机测试 WSS2 算法的分类性能时，发现了两个有趣的现象：一个是一些 α 值在整个训练过程中都没有被更新；另一个是一些 α 值被反复更新。因此，提出了一种新的 WSS-WR 方法，而且一些特定的 α 只允许被选择一次，以提高工作集选择方法的执行效率，尤其是大幅度地减少了训练时间。

7.2.2　一种改进的工作集选择方法

WSS3 算法是一种更通用的工作集选择方法，在固定常量因子 σ 的情况下，将选择"违反对"的限制条件与"最大违反对"建立起联系，来保证算法的收敛性，但需要检查 $O(l^2)$ 种可能的"违反对"。为了提高算法的执行效率，在 WSS3 算法的基础上提出了一种改进的工作集选择方法，使用 WSS2 算法中相同的方法先固定 $i \in \arg m(\alpha^k)$，只需要检查 $O(l)$ 种可能的"违反对"来选择 j，同时为了使算法更容易理解，改变了 $M(\alpha^k)$ 的表示形式，并用 $M'(\alpha^k)$ 代替。

算法7.4　改进的"常量因子违反对"工作集选择算法——WSS4

具体内容

输入:满足定义3.1中相同 $I_{up}(\alpha)$ 和 $I_{low}(\alpha)$ 限制条件的对偶变量 α 及分类标签 y

输出:工作集 B

1. 在所有迭代中,给定一个固定的常量因子 σ,且满足 $0 < \sigma \leqslant 1$

2. 计算

$$m(\alpha^k) = \max_t \{ -y_t \nabla f(\alpha^k)_t \mid t \in I_{up}(\alpha^k) \} \tag{7-15}$$

$$M'(\alpha^k) = \max_t \{ y_t \nabla f(\alpha^k)_t \mid t \in I_{low}(\alpha^k) \} \tag{7-16}$$

3. 选择 i, j 满足

$$i \in \arg m(\alpha^k), j \in I_{low}(\alpha^k) \tag{7-17}$$

$$m(\alpha^k) + y_j \nabla f(\alpha^k)_j \geqslant \sigma [m(\alpha^k) + M'(\alpha^k)] > 0 \tag{7-18}$$

4. 返回 $B = \{i, j\}$

7.2.3　指数机制中的打分函数及敏感度

在指数机制中打分函数是实现差分隐私的重要保证,打分函数设计的合理性直接关系到随机机制算法的执行效率。对于输出结果 r,打分函数的值越大, r 被选中的概率越高。根据"最大违反对"的定义,可以得出

$$m(\alpha^k) + M'(\alpha^k) \geqslant m(\alpha^k) + y_j \nabla f(\alpha^k)_j \tag{7-19}$$

从式(7-18)和(7-19)可以推出,

$$m(\alpha^k) + M'(\alpha^k) \geqslant m(\alpha^k) + y_j \nabla f(\alpha^k)_j \geqslant \sigma [m(\alpha^k) + M'(\alpha^k)] > 0 \tag{7-20}$$

为了在 WSS4 算法进行工作集选择的过程中应用指数机制,既要保证选择的工作集具有一定随机性,又不能牺牲工作集的质量太多,影响算法的收敛效率。为指数机制设计了一个简单的打分函数 $Q(D, r)$,对满足条件的候选集进行评分,并按照评分数据以一定概率选择工作集进行优化。将式(7-20)的每个部分同时除以 $m(\alpha^k) + M'(\alpha^k)$,得到了打分函数及其函数值的限制范围区间,如式(7-21)所示。

$$1 \geqslant q(D, r) = \frac{m(\alpha^k) + y_j \nabla f(\alpha^k)_j}{m(\alpha^k) + M'(\alpha^k)} \geqslant \sigma \tag{7-21}$$

其中,r 为选择的待优化工作集,包含"违反对"i 和 j。打分函数 $q(D, r)$ 的值越大,表示选择的"违反对"越接近"最大违反对"。从式 $(7-21)$ 可以很容易得出打分函数 $q(D, r)$ 的敏感度为

$$\Delta q = 1 - \sigma \qquad (7-22)$$

而且 Δq 的值很小,明显小于 1,是比较合理的。在指数机制中,按照式 $(7-23)$ 将打分函数 $q(D, r)$ 的函数值转化为概率的形式,通过以一定概率选择工作集 r 的方式引入随机性,达到保护线性支持向量机分类模型的目的。

$$\Pr[r] = \exp\left[\frac{\varepsilon q(D, r)}{2\Delta q}\right] \Big/ \sum_{r' \in R} \exp\left[\frac{\varepsilon q(D, r')}{2\Delta q}\right] \qquad (7-23)$$

同时,为了提高工作集选择方法的收敛效率,克服随机性带来的影响,在运行 WSS4 算法选择工作集的过程中,应用与文献[222]相同的方法限制每组"违反对"只能被选中一次。

7.2.4 算法描述

在 WSS4 算法的基础上,本章提出了一种差分隐私工作集选择方法 DP-WSS,利用指数机制在工作集选择的过程中引入随机性来保护分类模型的隐私信息。首先给出了 DPWSS 方法的算法描述,然后对其中的关键步骤进行了解释,最后给出了基于 DPWSS 算法的完整 SMO 分解方法。

DPWSS 方法的算法描述如下所示:

算法 7.5　差分隐私工作集选择方法——DPWSS

具体内容

输入:G 为梯度数组;y 为实例标签$\{+1,-1\}$;l 为实例个数;α 为对偶变量;I 为"违反对"选择标志矩阵;σ 为常量因子;ε 为隐私预算;eps 为终止条件

输出:B 为工作集

1. 初始化 $m(\alpha)$ 和 $M'(\alpha)$ 为 $-\infty$

2. 由式(7-15)计算 $m(\alpha)$,并令 $i=t$

3. 由式(7-16)计算 $M'(\alpha)$

4. for $t=1$ to l　//使用 WSS4 算法选出满足约束条件的"违反对"

5. 　　if $I[i][t]==$ false and $t\in I_{\text{low}}(\alpha)$ and $m(\alpha)+y[t]*G[t]>$ eps then

6. 　　　　由式(7-21)计算打分函数 $q(D,r_t)$

7. 　　　　if $q(D,r_t)\geqslant\sigma$ then

8. 　　　　　　$q'(D,r_t)\leftarrow q(D,r_t)$

9. 　　　　end if

10. 　　end if

11. end for

12. 由式(7-23)计算每个"违反对"的概率 $\Pr[B]$

13. 以概率 $\Pr[B]$ 随机选择一组"违反对"作为工作集

14. 返回 $B=\{i,j\}$

　　DPWSS 基于 WSS4 算法选择多组满足约束条件的"违反对",然后通过指数机制以一定概率随机选择一组"违反对"作为待优化的工作集。首先,DPWSS 算法从第 1 行到第 3 行计算 $m(\alpha)$ 和 $M'(\alpha)$,并确定 i 为"违反对"的一个元素。其次,从第 4 行到第 11 行对满足约束条件的"违反对"计算打分函数值。第 5 行中的限制条件代表"违反对"$\{i,j\}$ 之前从未被选中过,同时随着梯度 G 的变化,另一元素 j 和"违反对"的取值范围都是有效的。第 7 行中的约束条件代表打分函数值在常量因子 σ 限制下是有效的。第 8 行保留满足约束条件的"违反对"的打分函数值。然后,第 12 行和第 13 行是指数机制的关键步骤,以打分函数值转化的概率随机选择一组"违反对"。最后,第 14 行输出算法运行结果,返回"违反对"$\{i,j\}$ 作为工作集 B。

　　在 DPWSS 算法的基础上,算法 7.6 给出了一个完整的 SMO 分解方法。

算法 7.6　基于 DPWSS 算法的 SMO 算法

具体内容

输入：G 为梯度数组；y 为实例标签 $\{+1,-1\}$；l 为实例个数；α 为对偶变量；C 为对偶变量的上限；I 为"违反对"选择标志矩阵；max_iter 为迭代次数上限

输出：α 为对偶变量

1. 初始化梯度数组 G 为 -1，对偶变量 α 为 0，"违反对"选择标志矩阵 I 为 0；

2. 以 α^1 为初始可行解，令 $k=1$

3. while $k <$ max_iter

4. 　　if α^k 是一个平稳点 then

5. 　　　　Exit；

6. 　　else

7. 　　　　利用 DPWSS 算法随机选择工作集 $B=\{i,j\}$

8. 　　　　if B is NULL then

9. 　　　　　　Exit

10. 　　　　end if

11. 　　end if

12. 　　令 $k=k+1$

13. 　　令 $I[i][j]=$ true

14. 　　更新 $\alpha[i]$ 和 $\alpha[j]$

15. 　　规范化 α 值，使其在可行解的范围内

16. 　　更新梯度 G

17. end while

18. 返回 α

　　算法 7.6 是一个迭代过程，在每次迭代中首先通过 DPWSS 算法选择工作集 B，然后更新对偶变量 α 和梯度 G。经过迭代，输出最终的对偶变量 α。有三种方式可退出迭代过程：一是 α 已经收敛于平稳点，二是所有的"违反对"都已被选中过，三是迭代次数超过最大值限制。因此，使用算法 7.6 训练的支持向量机，产生的支持向量线性组合存在一定随机性，可以保证分类模型中包含的隐私信息不被泄露。

7.2.5　隐私分析

在 DPWSS 算法中,利用指数机制通过以一定概率随机选择"违反对"的方式来引入随机性。"违反对"被选择的概率越大,选出的待优化"违反对"也就越接近"最大违反对"。而且对于每一次迭代,通过 DPWSS 算法选择的"违反对"是不确定的,这种不确定性掩盖了单个记录的改变对算法运行结果的影响,因此保护了最终发布的支持向量机分类模型中包含的隐私信息。根据差分隐私的定义,通过定理 7.1 证明了 DPWSS 算法满足差分隐私。

定理 7.1　DPWSS 算法满足差分隐私。

证明　在 DPWSS 算法中,对于任意两个邻居数据集 D 和 D',设随机机制 $M(D, q)$ 表示选择"违反对"r,根据式(7 − 23)计算输出 r 的概率,指数机制以如下概率随机选择"违反对"r 作为工作集。为了符合指数机制的标准形式,使用 q 来表示 DPWSS 算法中的 q',即

$$\frac{\Pr[M(D,q)=r]}{\Pr[M(D',q)=r]} = \frac{\exp\left[\frac{\varepsilon q(D,r)}{2\Delta q}\right] \bigg/ \sum_{r'\in O}\exp\left[\frac{\varepsilon q(D,r')}{2\Delta q}\right]}{\exp\left[\frac{\varepsilon q(D',r)}{2\Delta q}\right] \bigg/ \sum_{r'\in O}\exp\left[\frac{\varepsilon q(D',r')}{2\Delta q}\right]}$$

$$= \exp\left\{\frac{\varepsilon[q(D,r)-q(D',r)]}{2\Delta q}\right\} \times \frac{\sum_{r'\in O}\exp\left[\frac{\varepsilon q(D',r')}{2\Delta q}\right]}{\sum_{r'\in O}\exp\left[\frac{\varepsilon q(D,r')}{2\Delta q}\right]}$$

$$\leq \exp\left(\frac{\varepsilon}{2}\right) \times \frac{\sum_{r'\in O}\exp\left(\frac{\varepsilon}{2}\right)\exp\left[\frac{\varepsilon q(D,r')}{2\Delta q}\right]}{\sum_{r'\in O}\exp\left[\frac{\varepsilon q(D,r')}{2\Delta q}\right]}$$

$$= \exp\left(\frac{\varepsilon}{2}\right) \times \exp\left(\frac{\varepsilon}{2}\right) \times \frac{\sum_{r'\in O}\exp\left[\frac{\varepsilon q(D,r')}{2\Delta q}\right]}{\sum_{r'\in O}\exp\left[\frac{\varepsilon q(D,r')}{2\Delta q}\right]} = \exp\varepsilon$$

则有

$$\Pr[M(D,q)=r] \leq \exp\varepsilon \times \Pr[M(D',q)=r]$$

因此,根据差分隐私的定义,DPWSS 算法满足差分隐私。

算法 7.6 是一个迭代过程,其中利用 DPWSS 算法随机选择工作集是关键

步骤。因为 DPWSS 算法满足差分隐私,在每次迭代中执行对偶变量 α 和梯度数组 G 的更新不需要访问原始的隐私数据。为了提高隐私预算的利用率,在整个训练过程中,每组"违反对"限制只能选择一次。同时,算法 7.6 中的每次迭代都是基于上一次迭代的结果,而不是原始数据集。因此,算法 7.6 满足差分隐私。

7.3　仿真实验

为了测试 DPWSS 算法的可用性,通过真实数据集上的仿真实验验证了使用该方法训练的线性支持向量机分类模型的分类性能、算法稳定性及执行效率,并与 WSS2 算法训练的支持向量机分类模型进行了比较。WSS2 算法是经典的工作集选择算法,并已成功应用于 LIBSVM 软件包。文献[35]中已对 WSS2 算法和 WSS1 算法进行了比较。实验中没有与其他的隐私支持向量机方法进行比较主要有两方面的考虑:一是随机性引入的方式不同,二是利用 DPWSS 算法训练的支持向量机已经获得了与原始的非隐私支持向量机相近的分类正确性和优化函数目标值。

7.3.1　数据集

仿真实验使用 LIBSVM 软件包及 GNU OCTAVE 开发环境,并采用默认的参数设置。所用数据集均是测试支持向量机算法性能的常用数据集,可以从相关网站直接下载。表 7.1 给出了数据集的基本信息,包括实例数、取值范围、特征数及不平衡率等,其中不平衡率表示两类实例数的比例关系。

表 7.1　数据集的基本信息

序号	数据集	实例数	取值范围	特征数	不平衡率
1	A1A	1605	[0,1]	119	0.33
2	A5A	6414	[0,1]	122	0.32
3	Australian	690	[−1,1]	14	0.8
4	Breast	683	[−1,1]	10	1.86

续表

序号	数据集	实例数	取值范围	特征数	不平衡率
5	Diabetes	768	[-1,1]	8	1.87
6	Fourclass	862	[-1,1]	2	0.55
7	German	1000	[-1,1]	24	0.43
8	Gisette	6000	[-1,1]	5000	1
9	Heart	270	[-1,1]	13	0.8
10	Ijcnn1	49990	[-1,1]	22	0.11
11	Ionosphere	351	[-1,1]	34	1.79
12	RCV1	20242	[-1,1]	47236	1.08
13	Sonar	208	[-1,1]	60	0.87
14	Splice	1000	[-1,1]	60	1.07
15	W1A	2477	[0,1]	300	0.03
16	W5A	9888	[0,1]	300	0.03

7.3.2　算法性能实验

通过不同数据集上的仿真实验来评估使用 DPWSS 算法训练的支持向量机分类模型的可用性,并与 WSS2 算法训练的支持向量机分类模型进行了比较。主要度量指标包括不同常量因子 σ 和隐私预算 ε 下的分类性能、算法稳定性及执行效率。

(1)分类性能度量指标通过 AUC、ACCURACY、PRECISION、RECALL、F1 和 MCC 等6 个指标来衡量,AUC 的计算公式如下:

$$AUC = \frac{\sum_{i \in \text{positiveClass}} \text{rank}_i - \frac{M(1 + M)}{2}}{M \times N} \tag{7-24}$$

其中,rank_i 表示将实例 i 按概率排序后的顺序号,M 为正实例数,N 为负实例数。AUC 值越高,DPWSS 算法的可用性越好。其他度量指标都基于混淆矩阵,可以通过以下公式计算:

$$ACCURACY = \frac{TP + TN}{TP + TN + FP + FN} \tag{7-25}$$

$$PRESISION = \frac{TP}{TP + FP} \tag{7-26}$$

$$\text{RECALL} = \frac{TP}{TP + FN} \qquad (7-27)$$

$$\text{F1} = \frac{2TP}{2TP + FP + FN} \qquad (7-28)$$

$$\text{MCC} = \frac{TP \times TN - FP \times FN}{\sqrt{(TP + FP)(TP + FN)(TN + FP)(TN + FN)}} \qquad (7-29)$$

（2）算法稳定性度量指标通过两个算法的优化函数目标值的差值来衡量，记为 ObjError，可以通过以下公式计算：

$$\text{ObjError} = \left| \text{Obj}_{\text{DPWSS}} - \text{Obj}_{\text{WSS2}} \right| \qquad (7-30)$$

ObjError 值越小，说明两个算法的优化函数目标值越接近，DPWSS 算法的稳定性也就越好。

（3）执行效率度量指标通过两个算法迭代次数的比值来衡量，记为 IterationRatio，可以通过以下公式计算：

$$\text{IterationRatio} = \frac{\#\text{Iteration with DPWSS}}{\#\text{Iteration with WSS2}} \qquad (7-31)$$

IterationRatio 值越小，DPWSS 算法相对于 WSS2 算法的迭代次数越少，DPWSS 算法训练支持向量机的执行效率也就越高。在大部分数据集上，整个训练过程时间消耗基本都是毫秒级的，因此实验中没有比较这两种算法的训练时间。

为了评估不同的隐私预算 ε 和常量因子 σ 的参数设置值对算法性能度量指标的影响，实验中在固定隐私预算 ε 值为 1 的情况下，将常量因子 σ 值分别设置为 0.1，0.3，0.5 和 0.7 四个值；在固定常量因子 σ 值为 0.7 的情况下，将隐私预算 ε 值分别设置为 0.1，0.5 和 1 三个值。在对比实验中没有将常量因子 σ 值设置为 0.9，主要考虑在这种情况下绝大部分"违反对"都会被过滤掉，导致 DPWSS 算法在工作集选择的过程中由于候选"违反对"数量过少而提前终止迭代过程，因此无法收敛于最终的优化函数目标值。

首先，在每个数据集上分别训练隐私的支持向量机分类模型，训练过程中使用本书提出的 DPWSS 算法完成工作集选择过程。在对支持向量机分类模型训练完成后，可以得到优化函数目标值及总的迭代次数。利用训练好的分类模型对已知分类数据进行预测，通过对比原始分类标签与预测分类标签的正确性关系来获得混淆矩阵，依据混淆矩阵中变量的对应关系分别计算度量分类性能的 6 个度量指标,并与使用 WSS2 算法训练的非隐私支持向量机的分类性能进行比较,来验证 DPWSS 算法的可用性。为了克服 DPWSS 算法在工作集选择过程中引入的随机性对训练的支持向量机分类性能带来的影响,在不同隐私预算 ε 和常量因子 σ 参数值设置下,对 DPWSS 算法进行了 5 次重复实验。表 7.2 中给出了在 A1A、A5A、Australian 和 Breast 四个数据集上 DPWSS 算法 5 次重复实验结果的平均值,包括表示分类性能的 AUC、ACCURACY、PRECISION、RECALL、F1 和 MCC 度量指标,优化函数目标值 Obj 和迭代次数 Iteration,以及与之相对应的使用 WSS2 算法训练的非隐私支持向量机的各项度量指标值。其中压缩标志表示在支持向量机训练过程中是否采用压缩试探法,1 表示是、0 表示否。

表 7.2　DPWSS 和 WSS2 在不同的 σ 和 ε 参数值设置下的性能比较

数据集	压缩标志	度量指标	WSS2	DPWSS					
				$\varepsilon=1$ $\sigma=0.1$	$\varepsilon=1$ $\sigma=0.3$	$\varepsilon=1$ $\sigma=0.5$	$\varepsilon=1$ $\sigma=0.7$	$\varepsilon=0.5$ $\sigma=0.7$	$\varepsilon=0.1$ $\sigma=0.7$
A1A	1	AUC	0.9117	0.9119	0.9117	0.9113	0.9116	0.9109	0.9123
		ACCURACY	0.8623	0.8611	0.8629	0.8629	0.8592	0.8604	0.8636
		PRECISION	0.7669	0.7654	0.7709	0.7709	0.76	0.7631	0.7667
		RECALL	0.6329	0.6278	0.6304	0.6304	0.6253	0.6278	0.6405
		F1	0.6935	0.6898	0.6936	0.6936	0.6861	0.6889	0.6979
		MCC	0.6104	0.6063	0.6115	0.6115	0.6012	0.6048	0.6148
		Obj	−540.57	−540.42	−540.45	−540.42	−539.95	−540.23	−540.06
		Iteration	8649	10535	6735	4316	3239	3529	3406
	0	AUC	0.9117	0.9116	0.9116	0.9119	0.9122	0.9111	0.9117
		ACCURACY	0.8623	0.8623	0.8629	0.8629	0.8617	0.8623	0.8617
		PRECISION	0.7669	0.7685	0.7692	0.7709	0.7645	0.7685	0.7645
		RECALL	0.6329	0.6304	0.6329	0.6304	0.6329	0.6304	0.6329
		F1	0.6935	0.6926	0.6944	0.6936	0.6925	0.6926	0.6925
		MCC	0.6104	0.6100	0.6120	0.6115	0.6088	0.6100	0.6088
		Obj	−540.57	−540.42	−540.44	−540.38	−540.12	−540.11	−540.20
		Iteration	7997	9566	6091	4252	3447	3379	3295

续表

数据集	压缩标志	度量指标	WSS2	DPWSS					
				$\varepsilon = 1$ $\sigma = 0.1$	$\varepsilon = 1$ $\sigma = 0.3$	$\varepsilon = 1$ $\sigma = 0.5$	$\varepsilon = 1$ $\sigma = 0.7$	$\varepsilon = 0.5$ $\sigma = 0.7$	$\varepsilon = 0.1$ $\sigma = 0.7$
A5A	1	AUC	0.9060	0.9059	0.9059	0.9057	0.9058	0.9058	0.9059
		ACCURACY	0.8506	0.8502	0.8499	0.8511	0.8486	0.8506	0.8503
		PRECISION	0.7327	0.7317	0.7306	0.7354	0.7311	0.7334	0.7305
		RECALL	0.6131	0.6119	0.6119	0.6112	0.6029	0.6119	0.6150
		F1	0.6676	0.6664	0.6660	0.6676	0.6608	0.6671	0.6678
		MCC	0.576	0.5746	0.5738	0.5768	0.5689	0.5758	0.5757
		Obj	−2224.72	−2224.56	−2224.57	−2224.33	−2223.2	−2223.75	−2223.92
		Iteration	35752	36151	22590	15987	13240	14034	14275
	0	AUC	0.9060	0.9058	0.9059	0.9058	0.9057	0.9058	0.9060
		ACCURACY	0.8506	0.8506	0.8506	0.8514	0.8503	0.8502	0.8500
		PRECISION	0.7327	0.7323	0.7327	0.7373	0.7312	0.7331	0.7322
		RECALL	0.6131	0.6138	0.6131	0.6099	0.6138	0.6093	0.6099
		F1	0.6676	0.6678	0.6676	0.6676	0.6674	0.6655	0.6655
		MCC	0.5760	0.5762	0.5760	0.5773	0.5754	0.5741	0.5738
		Obj	−2224.72	−2224.41	−2224.47	−2224.33	−2223.72	−2223.07	−2223.85
		Iteration	37578	33682	21592	16418	13926	12987	14318

续表

数据集	压缩标志	度量指标	WSS2	DPWSS					
				$\varepsilon = 1$ $\sigma = 0.1$	$\varepsilon = 1$ $\sigma = 0.3$	$\varepsilon = 1$ $\sigma = 0.5$	$\varepsilon = 1$ $\sigma = 0.7$	$\varepsilon = 0.5$ $\sigma = 0.7$	$\varepsilon = 0.1$ $\sigma = 0.7$
Australian	1	AUC	0.9393	0.9403	0.9378	0.9318	0.9141	0.9126	0.9202
		ACCURACY	0.8565	0.8565	0.8565	0.8565	0.8565	0.8565	0.8565
		PRECISION	0.7873	0.7873	0.7873	0.7873	0.7873	0.7873	0.7873
		RECALL	0.9283	0.9283	0.9283	0.9283	0.9283	0.9283	0.9283
		F1	0.8520	0.8520	0.8520	0.8520	0.8520	0.8520	0.8520
		MCC	0.7237	0.7237	0.7237	0.7237	0.7237	0.7237	0.7237
		Obj	−199.65	−199.25	−198.98	−198.21	−197.78	−198.53	−198.64
		Iteration	10727	6438	1910	835	493	596	612
	0	AUC	0.9393	0.9397	0.9324	0.9111	0.9230	0.9223	0.9316
		ACCURACY	0.8565	0.8565	0.8565	0.8565	0.8565	0.8565	0.8565
		PRECISION	0.7873	0.7873	0.7873	0.7873	0.7873	0.7873	0.7873
		RECALL	0.9283	0.9283	0.9283	0.9283	0.9283	0.9283	0.9283
		F1	0.8520	0.8520	0.8520	0.8520	0.8520	0.8520	0.8520
		MCC	0.7237	0.7237	0.7237	0.7237	0.7237	0.7237	0.7237
		Obj	−199.65	−199.25	−199.15	−198.68	−198.33	−198.62	−198.82
		Iteration	10590	6978	2629	847	542	637	731

续表

数据集	压缩标志	度量指标	WSS2	DPWSS					
				$\varepsilon = 1$ $\sigma = 0.1$	$\varepsilon = 1$ $\sigma = 0.3$	$\varepsilon = 1$ $\sigma = 0.5$	$\varepsilon = 1$ $\sigma = 0.7$	$\varepsilon = 0.5$ $\sigma = 0.7$	$\varepsilon = 0.1$ $\sigma = 0.7$
Breast	1	AUC	0.9962	0.9962	0.9963	0.9961	0.9962	0.9961	0.9962
		ACCURACY	0.9707	0.9707	0.9707	0.9707	0.9707	0.9707	0.9707
		PRECISION	0.9818	0.9818	0.9818	0.9818	0.9818	0.9818	0.9818
		RECALL	0.9730	0.9730	0.9730	0.9730	0.9730	0.9730	0.9730
		F1	0.9774	0.9774	0.9774	0.9774	0.9774	0.9774	0.9774
		MCC	0.9360	0.9360	0.9360	0.9360	0.9360	0.9360	0.9360
		Obj	-46.00	-45.96	-45.93	-45.89	-45.63	-45.53	-45.78
		Iteration	212	542	257	196	138	146	150
	0	AUC	0.9962	0.9962	0.9963	0.9963	0.9962	0.9962	0.9962
		ACCURACY	0.9707	0.9707	0.9707	0.9707	0.9722	0.9722	0.9722
		PRECISION	0.9818	0.9818	0.9818	0.9818	0.9819	0.9841	0.9819
		RECALL	0.9730	0.9730	0.9730	0.9730	0.9752	0.9730	0.9752
		F1	0.9774	0.9774	0.9774	0.9774	0.9785	0.9785	0.9785
		MCC	0.9360	0.9360	0.9360	0.9360	0.9391	0.9393	0.9391
		Obj	-46.00	-45.95	-45.99	-45.78	-45.62	-45.87	-45.88
		Iteration	212	443	329	184	146	160	181

　　从表 7.2 各个数据集上的实验结果可以看出,在不同的隐私预算 ε 和常量因子 σ 参数值设置下,使用 DPWSS 算法训练的支持向量机分类模型的分类性能受工作集选择过程中引入随机性的影响较小,并可以与 WSS2 算法训练的分类模型获得十分相近的分类性能。两个算法在 6 个分类性能度量指标上的误差值很小,最大不超过 3%。随着迭代过程的重复执行,利用 DPWSS 算法训练的支持向量机达到了优化函数的最终目标值,与 WSS2 算法训练的分类模型优化函数的目标值十分接近。而且 DPWSS 算法训练的分类模型的优化函数目标值受到工作集选择过程中由差分隐私保护方法引入的随机性以及常量因子 σ 对"违反对"的过滤功能的影响也较小,说明使用 DPWSS 算法选择的工作集较

为稳定,可以获得较好的隐私分类模型。此外,由于训练支持向量机是通过解决二次优化问题来找到一个具有最大分类间隔的超平面,并且是求待优化二次目标函数的最小值,因此表格中实验结果给出的优化函数目标值 Obj 都是负数。随着常量因子 σ 的增加,DPWSS 算法的迭代次数在逐渐减小,可以更高效地完成支持向量机分类模型的训练过程,达到待优化的目标函数极值,因此从迭代次数的角度说明 DPWSS 算法的执行效率明显高于 WSS2 算法。此外,DP-WSS 算法在训练支持向量机的工作集选择过程中引入随机性,与已有方法相比不要求目标函数的可微性以及复杂的敏感度分析,受高维数据及不平衡数据的影响也较小。

其次,在不同数据集上通过仿真实验比较了 DPWSS 算法与 WSS2 算法训练的支持向量机分类模型的优化函数目标值,度量了 DPWSS 算法的稳定性。两者优化函数目标值的差值 ObjError 如图 7.2 ~ 7.5 所示(图中横坐标为表 7.1 中数据集所对应的序号),将数据集分为两组,并在不同的压缩标志值设置下来训练支持向量机分类模型。

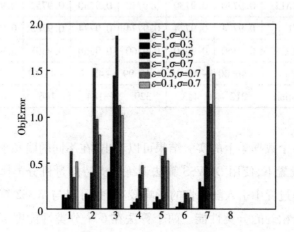

图 7.2   在数据集 1 ~ 8 上 DPWSS 与 WSS2 优化函数目标值的差值比较(压缩)

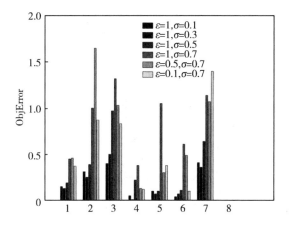

图 7.3　在数据集 1 ~ 8 上 DPWSS 与 WSS2 优化函数目标值的差值比较（非压缩）

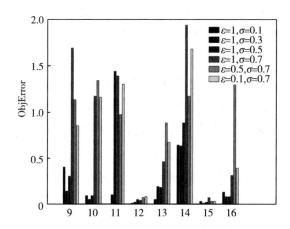

图 7.4　在数据集 9 ~ 16 上 DPWSS 与 WSS2 优化函数目标值的差值比较（压缩）

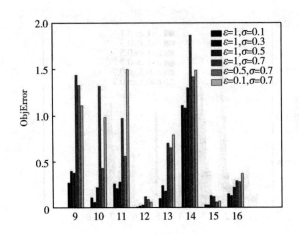

图 7.5　在数据集 9～16 上 DPWSS 与 WSS2 优化函数目标值的差值比较（非压缩）

从图 7.2～7.5 对比实验结果可以看出,在所有数据集上不同的常量因子 σ 和隐私预算 ε 参数值设置下,DPWSS 算法训练的支持向量机分类模型的优化函数目标值与 WSS2 算法训练非常相近,两者之间的差值基本都在 2.0 以内,在部分数据集上甚至低于 0.5。经过迭代优化过程,DPWSS 算法可以收敛于最优的优化函数目标值,未受到差分隐私的随机性以及常量因子 σ 对"违反对"的过滤功能的影响,因此 DPWSS 训练的支持向量机分类模型较为稳定。当固定隐私预算 ε 值为 1 时,随着常量因子 σ 值的增大,由于部分最优"违反对"在优化过程中未满足常量因子 σ 值的约束限制条件,无法作为候选工作集参与工作集选择过程中指数机制的随机选择,因此,ObjError 值随常量因子 σ 值的增大也有增长的趋势。当固定常量因子 σ 值为 0.7 时,随着隐私预算 ε 值的减小,在部分数据集上 ObjError 值也有减小的趋势,但变化趋势并不明显,也存在偶尔增大的情况。

最后,在不同数据集上通过仿真实验比较了 DPWSS 算法与 WSS2 算法训练支持向量机分类模型的迭代次数,度量了 DPWSS 算法的执行效率。两个算法在压缩和非压缩两种方式下训练的支持向量机分类模型对应迭代次数的比值 IterationRatio 如图 7.6～7.21 所示。图中左半部分表示在固定隐私预算 ε 值为 1 的情况下,IterationRatio 值随常量因子 σ 值的变化情况;右半部分表示在固定常量因子 σ 值为 0.7 的情况下,IterationRatio 值随隐私预算 ε 值的变化情况。

实验结果表明,在大部分数据集上不同的常量因子 σ 和隐私预算 ε 参数值设置下,当固定隐私预算 ε 值时,随着常量因子 σ 值的增加,DPWSS 算法的迭代次数不断减少,明显低于 WSS2 算法,而且下降趋势很快;而迭代次数随隐私预算 ε 值的变化趋势不明显。

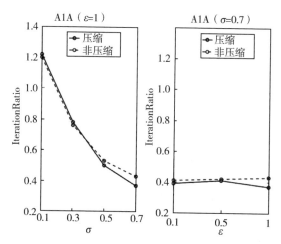

图 7.6　在数据集 A1A 上不同的 σ 和 ε 参数值设置下 DPWSS 与 WSS2 迭代次数比较

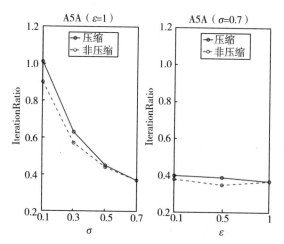

图 7.7　在数据集 A5A 上不同的 σ 和 ε 参数值设置下 DPWSS 与 WSS2 迭代次数比较

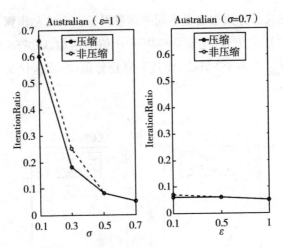

图 7.8　在数据集 Auatralian 上不同的 σ 和 ε 参数值设置下 DPWSS

与 WSS2 迭代次数比较

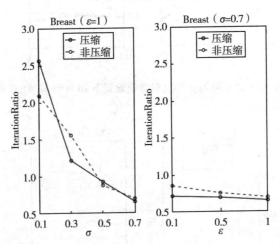

图 7.9　在数据集 Breast 上不同的 σ 和 ε 参数值设置下 DPWSS 与 WSS2 迭代次数比较

在数据集 A1A 上，两个算法 IterationRatio 值的实验结果如图 7.6 所示，在常量因子 σ 值较小时，DPWSS 算法的迭代次数高于 WSS2 算法，当 σ 值增加到 0.7 时，DPWSS 算法的迭代次数接近 WSS2 算法的 40%。在数据集 A5A 上，两个算法 IterationRatio 值的实验结果如图 7.7 所示，在常量因子 σ 值较小时，DP-WSS 算法的迭代次数接近 WSS2 算法，当 σ 值增加到 0.7 时，DPWSS 算法的迭代次数低于 WSS2 算法的 40%。在数据集 Australian 上，两个算法 IterationRatio

值的实验结果如图 7.8 所示,在常量因子 σ 值较小时,DPWSS 算法的迭代次数低于 WSS2 算法的 70%,当 σ 值增加到 0.7 时,DPWSS 算法的迭代次数甚至低于 WSS2 算法的 10%。在数据集 Breast 上,两个算法 IterationRatio 值的实验结果如图 7.9 所示,在常量因子 σ 值较小时,DPWSS 算法的迭代次数是 WSS2 算法的 2 倍多,当 σ 值增加到 0.7 时,DPWSS 算法的迭代次数接近 WSS2 算法的 70%。

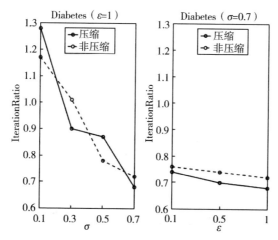

图 7.10　在数据集 Diabetes 上不同的 σ 和 ε 参数值设置下 DPWSS 与 WSS2 迭代次数比较

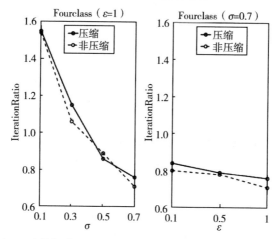

图 7.11　在数据集 Fourclass 上不同的 σ 和 ε 参数值设置下 DPWSS 与 WSS2 迭代次数比较

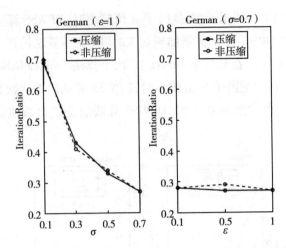

图 7.12　在数据集 German 上不同的 σ 和 ε 参数值设置下 DPWSS 与 WSS2 迭代次数比较

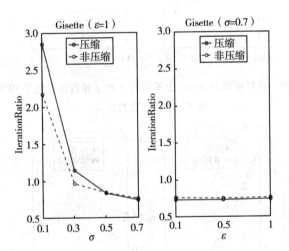

图 7.13　在数据集 Gisette 上不同的 σ 和 ε 参数值设置下 DPWSS 与 WSS2 迭代次数比较

在数据集 Diabetes 上，两个算法 IterationRatio 值的实验结果如图 7.10 所示，在常量因子 σ 值较小时，DPWSS 算法的迭代次数高于 WSS2 算法，当 σ 值增加到 0.7 时，DPWSS 算法的迭代次数接近 WSS2 算法的 70%。在数据集 Fourclass 上，两个算法 IterationRatio 值的实验结果如图 7.11 所示，在常量因子

σ 值较小时,DPWSS 算法的迭代次数是 WSS2 算法的 1.5 倍多,当 σ 值增加到 0.7 时,DPWSS 算法的迭代次数低于 WSS2 算法的 80%。在数据集 German 上,两个算法 IterationRatio 值的实验结果如图 7.12 所示,在常量因子 σ 值较小时, DPWSS 算法的迭代次数达到 WSS2 算法的 70%,当常量因子 σ 值增加到 0.7 时,DPWSS 算法的迭代次数低于 WSS2 算法的 30%。在数据集 Gisette 上,两个算法 IterationRatio 值的实验结果如图 7.13 所示,在常量因子 σ 值较小时, DPWSS算法的迭代次数是 WSS2 算法的 2 倍多,当 σ 值增加到 0.7 时,DPWSS 算法的迭代次数低于 WSS2 算法的 80%。

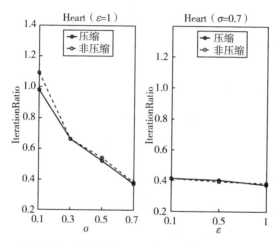

图 7.14　在数据集 Heart 上不同的 σ 和 ε 参数值 设置下 DPWSS 与 WSS2 迭代次数比较

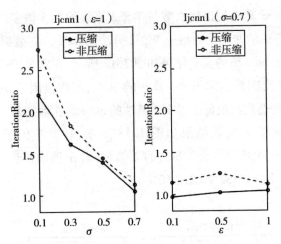

图 7.15 在数据集 Ijcnn1 上不同的 σ 和 ε 参数值设置下 DPWSS 与 WSS2 迭代次数比较

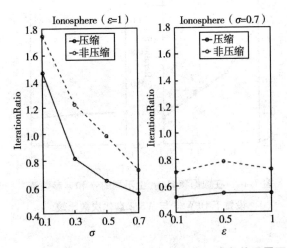

图 7.16 在数据集 Ionosphere 上不同的 σ 和 ε 参数值设置下 DPWSS 与 WSS2 迭代次数比较

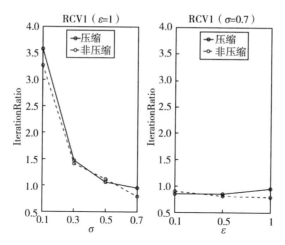

图 7.17　在数据集 RCV1 上不同的 σ 和 ε 参数值设置下 DPWSS 与 WSS2 迭代次数比较

在数据集 Heart 上,两个算法 IterationRatio 值的实验结果如图 7.14 所示,在常量因子 σ 值较小时,DPWSS 算法的迭代次数高于 WSS2 算法,当 σ 值增加到 0.7 时,DPWSS 算法的迭代次数为 WSS2 算法的 40%。在数据集 Ijcnn1 上,两个算法 IterationRatio 值的实验结果如图 7.15 所示,在常量因子 σ 值较小时,DPWSS 算法的迭代次数是 WSS2 算法的 2 倍多,当 σ 值增加到 0.7 时,DPWSS 算法的迭代次数已经接近 WSS2 算法。在数据集 Ionosphere 上,两个算法 IterationRatio 值的实验结果如图 7.16 所示,在常量因子 σ 值较小时,DPWSS 算法的迭代次数为 WSS2 算法的 1.5 倍多,当 σ 值增加到 0.7 时,DPWSS 算法的迭代次数低于 WSS2 算法的 80%。在数据集 RCV1 上,两个算法 IterationRatio 值的实验结果如图 7.17 所示,在常量因子 σ 值较小时,DPWSS 算法的迭代次数高于 WSS2 算法的 3 倍,当 σ 值增加到 0.7 时,DPWSS 算法的迭代次数低于 WSS2 算法。

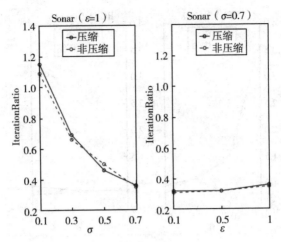

图 7.18　在数据集 Sonar 上不同的 σ 和 ε 参数值设置下 DPWSS 与 WSS2 迭代次数比较

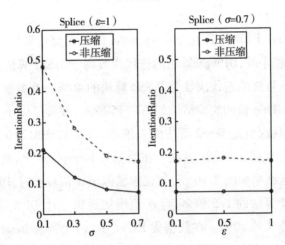

图 7.19　在数据集 Splice 上不同的 σ 和 ε 参数值设置下 DPWSS 与 WSS2 迭代次数比较

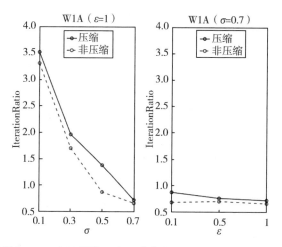

图 7.20　在数据集 W1A 上不同的 σ 和 ε 参数值设置下 DPWSS 与 WSS2 迭代次数比较

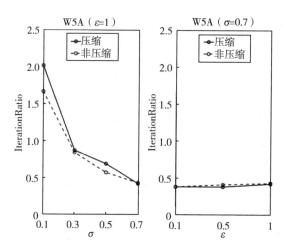

图 7.21　在数据集 W5A 上不同的 σ 和 ε 参数值设置下 DPWSS 与 WSS2 迭代次数比较

　　在数据集 Sonar 上，两个算法 IterationRatio 值的实验结果如图 7.18 所示，在常量因子 σ 值较小时，DPWSS 算法的迭代次数超过 WSS2 算法，当 σ 值增加到 0.7 时，DPWSS 算法的迭代次数低于 WSS2 算法的 40%。在数据集 Splice 上，两个算法 IterationRatio 值的实验结果如图 7.19 所示，在常量因子 σ 值较小时，DPWSS 算法的迭代次数低于 WSS2 算法的 50%，当 σ 值增加到 0.7 时，DPWSS算法的迭代次数甚至低于 WSS2 算法的 20%。在数据集 W1A 上，两个算法 IterationRatio 值的实验结果如图 7.20 所示,在常量因子 σ 值较小时, DPWSS算法的迭代次数高于 WSS2 算法的 3 倍,当常量因子 σ 值增加到 0.7 时,DPWSS 算法的迭代次数已经低于 WSS2 算法的 70%。在数据集 W5A 上,两个算法 IterationRatio 值的实验结果如图 7.21 所示,在常量因子 σ 值较小时, DPWSS 算法的迭代次数高于 WSS2 算法的 1.5 倍,当 σ 值增加到 0.7 时, DPWSS算法的迭代次数已经低于 WSS2 算法的 50%。

从以上两个算法 IterationRatio 值的实验结果对比曲线图可以看出,虽然 DPWSS 算法在工作集选择的过程中引入了随机性,迭代次数或多或少可能增加,但随着常量因子 σ 的增大,"违反对"的过滤效果对迭代次数的影响越来越大,而隐私预算 ε 值在常量因子 σ 固定时对迭代次数的影响较小。当 σ 增大到 0.3 时,在大部分的数据集上,DPWSS 算法的迭代次数已低于 WSS2;当 σ 增大到 0.7 时,除 Ijcnn1 数据集外,DPWSS 算法的迭代次数远低于 WSS2。因此,可以考虑在训练大数据集时为 DPWSS 算法设置更大的常量因子 σ 值。

从 DPWSS 算法与 WSS2 算法的各项对比实验结果可以看出,在不同的常量因子 σ 和隐私预算 ε 参数值设置下,两个算法训练的支持向量机分类模型具有相近的分类性能和优化函数目标值,同时 DPWSS 算法的迭代次数明显低于 WSS2 算法,而且随着常量因子 σ 值的增加,过滤掉了很大一部分"违反对", DPWSS 算法的迭代次数下降非常明显,可以快速收敛到最优的目标函数值,因此具有更高的执行效率。尽管在工作集选择的过程中通过差分隐私的指数机制引入了随机性,但在同一组参数值设置下 DPWSS 算法每次运行的实验结果差别不大,说明该算法训练的支持向量机分类模型较为稳定,只是在迭代次数度量指标上略有不同。因此,使用 DPWSS 算法训练线性支持向量机发布的分类模型具有良好的可用性,同时保护了分类模型中的隐私信息。

7.4 本章小结

本章主要研究了线性支持向量机分类模型的隐私泄露问题,提出了一种基于指数机制的差分隐私工作集选择方法——DPWSS。该方法改进了现有的工作集选择算法,使其更适合应用差分隐私保护方法,同时设计了一个简单的打分函数,利用指数机制在工作集选择的过程中引入随机性,最终发布一个隐私的线性支持向量机分类模型。该方法不要求目标函数的可微性,也不需要像经典的目标扰动或输出扰动那样复杂的敏感度分析。真实数据集上的仿真实验也验证了该方法可以获得与非隐私支持向量机相近的分类正确性和优化函数的目标值,同时具有更高的执行效率,更适用于对大样本数据进行支持向量机分类。该方法可以保证分类模型中的支持向量在优化过程中是被随机选择的,但不改变支持向量的表示形式,因此仅适用于线性支持向量机。但可以借鉴核支持向量机的隐私保护方法,先将训练数据经随机投影或特征映射转化为线性可分数据后,应用该方法发布隐私的线性支持向量机分类模型,该研究思路将作为下一步的研究方向开展工作。此外,如何设置合适的常量因子 σ 值满足大样本数据的支持向量机分类也是一个值得研究的问题。

参考文献

[1] KEKULLUOGLU D, KOKCIYAN N, YOLUM P. Preserving privacy as social responsibility in online social networks [J]. ACM Transactions on Internet Technology, 2018, 18(4): 42.

[2] LI X F, YANG Y X, CHEN Y L, et al. A privacy measurement framework for multiple online social networks against social identity linkage [J]. Applied Sciences, 2018, 8(10): 1790.

[3] VAPNIK V N. Statistical learning theory [M]. State of New Jersey: Wiley, 1998.

[4] BURGES C J C. A tutorial on support vector machines for pattern recognition [J]. Data Mining and Knowledge Discovery, 1998, 2(2): 121 - 167.

[5] LESKOVEC J, HORVITZ E. Planetary - scale views on a large instant - messaging network [C]//Proceedings of the 17th International Conference on World Wide Web. ACM, 2008: 915 - 924.

[6] 尼古拉斯·克里斯塔基斯, 詹姆斯·富勒. 大连接: 社会网络是如何形成的以及对人类现实行为的影响 [M]. 简学, 译. 北京: 中国人民大学出版社, 2012.

[7] 大卫·伊斯利, 乔恩·克莱因伯格. 网络、群体与市场: 揭示高度互联世界的行为原理与效应机制 [M]. 李晓明, 王卫红, 杨韫利, 译. 北京: 清华大学出版社, 2011.

[8] 汪小帆, 李翔, 陈关荣. 复杂网络理论及其应用 [M]. 北京: 清华大学出版社, 2006.

[9] 刘向宇, 王斌, 杨晓春. 社会网络数据发布隐私保护技术综述 [J]. 软件学报, 2014, 25(3): 576 - 590.

[10] SWEENEY L. k - anonymity: a model for protecting privacy [J]. International

Journal on Uncertainty, Fuzziness and Knowledge – Based Systems, 2002, 10 (5):557 – 570.

[11]MACHANAVAJJHALA A, KIFER D, GEHRKE J, et al. ℓ – diversity: privacy beyond k – anonymity[J]. ACM Transactions on Knowledge Discovery from Data (TKDD), 2007, 1(1):1 – 12.

[12]LI N H, LI T C, VENKATASUBRAMANIAN S. t – closeness: privacy beyond k – anonymity and ℓ – diversity[C]//2007 IEEE 23rd International Conference on Data Engineering (ICDE 2007), 2007:106 – 115.

[13]ZHELEVA E, GETOOR L. To join or not to join: The illusion of privacy in social networks with mixed public and private user profiles[C]// International Conference on World Wide Web, 2009:531 – 540.

[14]XU W H, ZHOU X, LI L. Inferring privacy information via social relations [C]//2008 IEEE 24th International Conference on Data Engineering Workshop, 2008:525 – 530.

[15]HE J M, CHU W W, LIU Z Y. Inferring privacy information from social networks[C]// International Conference on Intelligence and Security Informatics, 2006:154 – 165.

[16]YUAN M X, CHEN L, YU P S. Personalized privacy protection in social networks[J]. Proceedings of the VLDB Endowment, 2010, 4(2):141 – 150.

[17]BHAGAT S, CORMODE G, KRISHNAMURTHY B, et al. Class – based graph anonymization for social network data[J]. Proceedings of the VLDB Endowment, 2009, 2(1):766 – 777.

[18]CAMPAN A, TRUTA T M. A clustering approach for data and structural anonymity in social networks [C]//Proceedings of the 2nd ACM SIGKDD International Workshop on Privacy, Security, and Trust in KDD, 2008:33 – 54.

[19]ZHOU B, PEI J. Preserving privacy in social networks against neighborhood attacks[C]//2008 IEEE 24th International Conference on Data Engineering, 2008:506 – 515.

[20]TAI C H, YU P S, YANG D N. Privacy – preserving social network publication against friendship attacks [C]//The 17th ACM SIGKDD Conference on

Knowledge discovery and Data Mining,2011:1262 – 1270.

[21]BACKSTROM L,DWORK C,KLEINBERG J. Wherefore art thou R3579X?: anonymized social networks, hiddern patterns, and structural steganography [C]//Proceedings of the 16th International Conference on World Wide Web, 2007:181 – 190.

[22]HAY M,MIKLAU G,JENSEN D,et al. Resisting structural re – identification in anonymized social networks[J]. Proceedings of the VLDB Endowment, 2008,1(1):102 – 114.

[23]ZOU L,CHEN L,ÖZSU M T. K – automorphism:a general framework for privacy preserving network publication[J]. Proceedings of the VLDB Endowment, 2009,2(1):946 – 957.

[24]CHENG J,FU A W C,LIU J. K – isomorphism:privacy preserving network publication against structural attacks[C]//Proceedings of the 2010 ACM SIGMOD International Conference on Management of Data,2010:459 – 470.

[25]WU W T,XIAO Y H,WANG W,et al. k – symmetry model for identity anonymization in social networks [C]//Proceedings of the 13th International Conferenceon Extending Database Technology,2010:111 – 122.

[26]ZHELEVA E,GETOOR L. Preserving the privacy of sensitive relationships in graph data[C]//Proceedings of the 1st ACM SIGKDD International Conference on Privacy,Security,and Trust in KDD,2007:153 – 171.

[27]PEARL J. Probabilistic reasoning in intelligent systems:Networks of plausible inference[M]. Burlington:Morgan Kaufmann Publishers,1988.

[28]LIU X Y,YANG X C. Protecting sensitive relationships against inference attacks in social networks[C]//Proceedings of the 17th International Conference on Database Systems for Advanced Applications,2012:335 – 350.

[29]WONDRACEK G,HOLZ T,KIRDA E,et al. A practical attack to de – anonymize social network users[C]//2010 IEEE Symposium on Security and Privacy,2010:223 – 238.

[30]CHAWLA S,DWORK C,MCSHERRY F,et al. Toward privacy in public databases[C]//Theory of Cryptography,2005:363 – 385.

[31]RASTOGI V,DAN S,HONG S. The boundary between privacy and utility in data publishing[C]//Proceedings of the 33rd International Conference on Very Large Data Bases,2007:531 – 542.

[32]BLUM A,LIGETT K,ROTH A. A learning theory approach to non – interactive database privacy[C]//Proceedings of the Fortieth ACM Symposium on Theory of Computing. ACM,2008:609 – 618.

[33]XUE H,CHEN S C,YANG Q. Structural support vector machine[C]//Advances in Neural Networks – ISSN 2008,2008:501 – 511.

[34]PLATT J C. Sequential minimal optimization:A fast algorithm for training supportvector machines[R]. Microsoft Research,1998.

[35]FAN R E,CHEN P H,LIN C J. Working set selection using second order information for training support vector machines[J]. Journal of Machine Learning Research,2005,6:1889 – 1918.

[36]LIN K P,CHEN M S. On the design and analysis of the privacy – preserving SVM classifier[J]. IEEE Transactions on Knowledge and Data Engineering, 2011,23(11):1704 – 1717.

[37]SARWATE A,CHAUDHURI K,MONTELEONI C. Differentially private support vector machines [J]. Computer Research Repository, 2009, 71 (79):1 – 28.

[38]DWORK C. Differential privacy[C]//Proceedings of the 33th International Conference on Automata,Languages and Programming,2006:1 – 12.

[39]BEIMEL A,NISSIM K,STEMMER U. Private learning and sanitization:Pure vs. approximate differential privacy [J]. Theory of Computing, 2016, 12:1 – 51.

[40]KASIVISWANATHAN S P,LEE O K,NISSIM K,et al. What can we learn privately? [J]. SIAM Journal on Computing,2011,40(3):793 – 826.

[41]WARNER S L. Randomized response:A survey technique for eliminating evasive answer bias[J]. Journal of the American Statistical Association,1965,60 (309):63 – 69.

[42]DWORK C,MCSHERRY F,NISSIM K,et al. Calibrating noise to sensitivity in

private data analysis[J]. The Journal of Privacy and Confidentiality,2017,7 (3).

[43]DWORK C,TALWAR K,THAKURTA A,et al. Analyze gauss:Optimal bounds for privacy – preserving principal component analysis[C]//Proceedings of the 2014 ACM Symposium on Theory of Computing,2014:11 –20.

[44]MCSHERRY F,TALWAR K. Mechanism design via differential privacy[C]// 48th Annual IEEE Symposium on Foundations of Computer Science,2007:94 – 103.

[45]DWORK C. A firm foundation for private data analysis[J]. Communications of the ACM,2011,54(1):86 –95.

[46]MCSHERRY F. Privacy integrated queries:An extensible platform for privacy – preserving data analysis [J]. Communications of the ACM, 2010, 53 (9): 89 –97.

[47]DWORK C. Differential privacy:a survey of results[C]//5th International Conference on Theory and Applications of Models of Computation, 2008: 1 –19.

[48]DWORK C. Differential privacy in new settings[C]//Proceedings of the Twen-ty – First Annual ACM – SIAM Symposium on Discrete Algorithms,2010:174 – 183.

[49]DWORK C,ROTH A. The algorithmic foundations of differential privacy[J]. Foundations and Trends in Theoretical Computer Science,2013,9(3 – 4): 211 –487.

[50]熊平,朱天清,王晓峰. 差分隐私保护及其应用[J]. 计算机学报,2014,37 (1):101 –122.

[51]张啸剑,孟小峰. 面向数据发布和分析的差分隐私保护[J]. 计算机学报, 2014,37(4):927 –949.

[52]付钰,俞艺涵,吴晓平. 大数据环境下差分隐私保护技术及应用[J]. 通信 学报,2019,40(10):157 –168.

[53]叶青青,孟小峰,朱敏杰,等. 本地化差分隐私研究综述[J]. 软件学报, 2018,29(7):1981 –2005.

［54］WANG J,LIU S B,LI Y K. A review of differential privacy in individual data release［J］. International Journal of Distributed Sensor Networks,2015,11 (10):259682.

［55］MACHANAVAJJHALA A,HE X,HAY M. Differential privacy in the wild:A tutorial on current practices & open challenges［J］. Proceedings of the VLDB Endowment,2016,9(13):1611 – 1614.

［56］ZHU T Q,LI G,ZHOU W L,et al. Differentially private data publishing and analysis:A survey［J］. IEEE Transactions on Knowledge and Data Engineering,2017,29(8):1619 – 1638.

［57］YANG X Y,WANG T,REN X B,et al. Survey on improving data utility in differentially private sequential data publishing［J］. IEEE Transactions on Big Data,2021,7(4):729 – 749.

［58］XIONG X X,LIU S B,LI D,et al. A comprehensive survey on local differential privacy［J］. Security and Communication Networks,2020,2020(1):1 – 29.

［59］WANG T,ZHANG X F,FENG J Y,et al. A comprehensive survey on local differential privacy toward data statistics and analysis［J］. Sensors,2020,20 (24):1 – 48.

［60］XU J,ZHANG Z J,XIAO X K,et al. Differentially private histogram publication［J］. VLDB Journal:The International Journal of Very Large Data Bases, 2013,22(6):797 – 822.

［61］HAN Q L,SHAO B,LI L J,et al. Publishing histograms with outliers under data differential privacy［J］. Security and Communication Networks,2016,9 (14):2313 – 2322.

［62］张啸剑,邵超,孟小峰. 差分隐私下一种精确直方图发布方法［J］. 计算机研究与发展,2016,53(5):1106 – 1117.

［63］张啸剑,孟小峰. 基于差分隐私的流式直方图发布方法［J］. 软件学报, 2016,27(2):381 – 393.

［64］LI H,CUI J T,MENG X,et al. IHP:improving the utility in differential private histogram publication［J］. Distributed and Parallel Databases,2019,37(4): 721 – 750.

[65]SUN L,HUANG X,WU Y J,et al. Sensitivity reduction of degree histogram publication under node differential privacy via mean filtering[J]. Concurrency and Computation:Practice & Experience,2021,33(8):1-8.

[66]ZHENG X,YAN K,DUAN J Y,et al. Histogram publication over numerical values under local differential privacy[J]. Wireless Communications and Mobile Computing,2021,2021:1-11.

[67]ZHANG J,DONG X,YU J D,et al. Differentially private multidimensional data publication[J]. China Communications,2014,11(13):79-85.

[68]XU C G,REN J,ZHANG Y X,et al. DPPro:Differentially private high - dimensional data Release via random projection[J]. IEEE Transactions on Information Forensics and Security,2017,12(12):3081-3093.

[69]REN X B,YU C M,YU W R,et al. LoPub:High - dimensional crowdsourced data publication with local differential privacy[J]. IEEE Transactions on Information Forensics and Security,2018,13(9):2151-2166.

[70]ZHENG Z G,WANG T,WEN J M,et al. Differentially private high - dimensional data publication in internet of things[J]. IEEE Internet of Things Journal,2020,7(4):2640- 2650.

[71]CHENG X,TANG P,SU S,et al. Multi - party high - dimensional data publishing under differential privacy[J]. IEEE Transactions on Knowledge and Data Engineering,2020,32(8):1557-1571.

[72]CHEN R,FUNG B C M,YU P S,et al. Correlated network data publication via differential privacy[J]. VLDB Journal:The International Journal of Very Large Data Bases,2014,23(4):653-676.

[73]兰丽辉,鞠时光. 基于差分隐私的权重社会网络隐私保护[J]. 通信学报,2015,36(9):145-159.

[74]LU J L,CAI Z P,WANG X M,et al. An edge correlation based differentially private network data release method[J]. Security and Communication Networks,2017,2017(2017):8408253.

[75]ZHU TQ,YANG M M,XIONG P,et al. An iteration - based differentially private social network data release[J]. International Journal of Computer Systems

Science and Engineering,2018,33(2):61-69.

[76]LIU P,XU Y X,JIANG Q,et al. Local differential privacy for social network publishing[J]. Neurocomputing,2020,391:273-279.

[77]WANG H,XU Z Q. CTS - DP:Publishing correlated time - series data via differential privacy[J]. Knowledge - Based Systems,2017,122:167-179.

[78]WANG H,LI K J. SRS - LM:Differentially private publication for infinite streaming data[J]. Journal of Ambient Intelligence and Humanized Computing,2019,10(6):2465-2478.

[79]CAO Y,YOSHIKAWA M,XIAO Y H,et al. Quantifying differential privacy in continuous data release under temporal correlations[J]. IEEE Transactions on Knowledge and Data Engineering,2019,31(7):1281-1295.

[80]XIONG P,ZHU T Q,NIU W J,et al. A differentially private algorithm for location data release[J]. Knowledge and Information Systems,2016,47(3):647-669.

[81]ZHAO X G,LI Y H,YUAN Y,et al. LDPart:Effective location - record data publication via local differential privacy[J]. IEEE Access, 2019, 7:31435-31445.

[82]WANG T,ZHENG Z G,ELHOSENY M. Equivalent mechanism:Releasing location data with errors through differential privacy[J]. Future Generation Computer Systems,2019,98:600-608.

[83]YAN Y,ZHANG L X,SHENG Q Z,et al. Dynamic release of big location data based on adaptive sampling and differential privacy[J]. IEEE Access,2019,7:164962-164974.

[84]郑孝遥,罗永龙,汪祥舜,等. 基于位置服务的分布式差分隐私推荐方法研究[J]. 电子学报,2021,49(1):99-110.

[85]李洪涛,任晓宇,王洁,等. 基于差分隐私的连续位置隐私保护机制[J]. 通信学报,2021,42(08):164-175.

[86]ZHANG J P,YANG Q,SHEN Y R,et al. A differential privacy based probabilistic mechanism for mobility datasets releasing[J]. Journal of Ambient Intelligence and Humanized Computing,2021,12(1):201-212.

[87] KIM J W, EDEMACU K, KIM J S, et al. A survey of differential privacy – based Ttechniques and their applicability to location – based services [J]. Computers & Security, 2021, 111: 102464.

[88] LI M, ZHU L H, ZHANG Z J, et al. Achieving differential privacy of trajectory data publishing in participatory sensing [J]. Information Sciences, 2017, 400: 1 – 13.

[89] ZHAO X D, DONG Y L, PI D C. Novel trajectory data publishing method under differential privacy [J]. Expert Systems with Applications, 2019, 138: 112791.

[90] QU L, QIN Z, LIAO S L, et al. Releasing correlated trajectories: Towards high utility and optimal differential privacy [J]. IEEE Transactions on Dependable and Secure Computing, 2020, 17(5): 1109 – 1123.

[91] 田丰, 吴振强, 鲁来凤, 等. 面向轨迹数据发布的个性化差分隐私保护机制 [J]. 计算机学报, 2021, 44(4): 709 – 723.

[92] 吴万青, 赵永新, 王巧, 等. 一种满足差分隐私的轨迹数据安全存储和发布方法[J]. 计算机研究与发展, 2021, 58(11): 2430 – 2443.

[93] SAIFUZZAMAN M, ANANNA T N, CHOWDHURY M, et al. A systematic literature review on wearable health data publishing under differential privacy [J]. International Journal of Information Security, 2022, 21(4): 847 – 872.

[94] GONG M G, XIE Y, PAN K, et al. A survey on differentially private machine learning [J]. IEEE Computational Intelligence Magazine, 2020, 15(2): 49 – 64.

[95] FAROKHI F, WU N, SMITH D, et al. The cost of privacy in asynchronous differentially – private machine learning[J]. IEEE Transactions on Information Forensics and Security, 2021, 16: 2118 – 2129.

[96] ZHANG T, ZHU Q Y. Dynamic differential privacy for ADMM – based distributed classification learning[J]. IEEE Transactions on Information Forensics and Security, 2017, 12(1): 172 – 187.

[97] SU D, CAO J N, LI N H, et al. PrivPfC: differentially private data publication for classification[J]. VLDB Journal: The International Journal of Very Large Data Bases, 2018, 27(2): 201 – 223.

[98] HUANG W, ZHOU S J, LIAO Y J, et al. An efficient differential privacy logistic classification mechanism[J]. IEEE Internet of Things Journal, 2019, 6 (6):10620 – 10626.

[99] LI X X, LIU J, LIU S F, et al. Differentially private ensemble learning for classification[J]. Neurocomputing, 2021, 430:34 – 46

[100] ZHANG L, LIU Y, WANG R C, et al. Efficient privacy – preserving classification construction model with differential privacy technology[J]. Journal of Systems Engineering and Electronics, 2017, 28(1):170 – 178.

[101] LIU X Q, LI Q M, LI T, et al. Differentially private classification with decision tree ensemble[J]. Applied Soft Computing, 2018, 62:807 – 816.

[102] FLETCHER S, ISLAM M Z. Decision tree classification with differential privacy:a survey[J]. ACM Computing Surveys, 2019, 52(4):1 – 33.

[103] SUN Z K, WANG Y L, SHU M L, et al. Differential privacy for data and model publishing of medical data[J]. IEEE Access, 2019, 7:152103 – 152114.

[104] GUAN Z T, SUN X W, SHI L Y, et al. A differentially private greedy decision forest classification algorithm with high utility[J]. Computers & Security, 2020, 96:101930.

[105] GURSOY M E, INAN A, NERGIZ M E, et al. Differentially private nearest neighbor classification[J]. Data Mining and Knowledge Discovery, 2017, 31 (5):1544 – 1575.

[106] XUE Q, ZHU Y W, WANG J. Joint Distribution estimation and naïve bayes classification under local differential privacy[J]. IEEE Transactions on Emerging Topics in Computing, 2021, 9(4):2053 – 2063.

[107] FANG X J, YU F C, YANG G M, et al. Regression analysis with differential privacy preserving[J]. IEEE Access, 2019, 7:129353 – 129361.

[108] GONG M G, PAN K, XIE Y. Differential privacy preservation in regression analysis based on relevance[J]. Knowledge – Based Systems, 2019, 173: 140 – 149.

[109] FICEK J, WANG W, CHEN H N, et al. A survey of differentially private regression for clinical and epidemiological research[J]. International Statistical

Review,2021,89(1):132 – 147.

[110]WANG D,XU J H. On sparse linear regression in the local differential privacy model [J]. IEEE Transactions on Information Theory, 2021, 67 (2): 1182 – 1200.

[111]PAN K,GONG M G,FENG K Y,et al. Differentially private regression analysis with dynamic privacy allocation[J]. Knowledge – Based Systems,2021, 217:106795.

[112]朱素霞,王蕾,孙广路. 满足本地差分隐私的分类变换扰动机制[J]. 计算机研究与发展,2022,59(2):430 – 439.

[113]ZHAO X D,PI D C,CHEN J F. Novel trajectory privacy – preserving method based on clustering using differential privacy[J]. Expert Systems with Applications,2020,149:113241.

[114]ZHANG Y L, HAN J. Differential privacy fuzzy C – means clustering algorithm based on gaussian kernel function [J]. PLoS ONE, 2021, 16 (3):e0248737.

[115]NI T J,QIAO M H,CHEN Z L,et al. Utility – efficient differentially private k – means clustering based on cluster merging[J]. Neurocomputing,2021, 424:205 –214.

[116]LU Z G,SHEN H. Differentially private k – means clustering with convergence guarantee[J]. IEEE Transactions on Dependable and Secure Computing,2021,18(4):1541 –1552.

[117]YUAN L J,ZHANG S B,ZHU G M,et al. Privacy – preserving mechanism for mixed data clustering with local differential privacy [J]. Concurrency and Computation:Practice and Experience,2021,35(19):e6503.

[118]ZHANG T,ZHU T Q,XIONG P,et al. Correlated differential privacy:Feature selection in machine learning[J]. IEEE Transactions on Industrial Informatics,2020,6(3): 2115 –2124.

[119]HE Z B,SAI A M V V,HUANG Y,et al. Differentially private approximate aggregation based on feature selection[J]. Journal of Combinatorial Optimization,2021,41(2):318 – 327.

[120]吴宏伟. 社会网络数据发布中的隐私匿名技术研究[D]. 哈尔滨:哈尔滨
        工程大学,2013.

[121]LIU K,TERZI E. Towards identity anonymization on graphs[C]//ACM SIG-
        MOD International Conference on Management of Data,2008:93 – 106.

[122]TAI C H,YU P S,YANG D N,et al. Privacy – preserving social network pub-
        lication against friendship attacks[C]//Proceedings of the 17th ACM SIGK-
        DD International Conference on Knowledge Discovery and Data Mining,2011:
        1262 – 1270.

[123]ZHOU B,PEI J. Preserving privacy in social networks against neighborhood
        attacks[C]//2008 IEEE 24th International Conference on Data Engineering,
        2008:506 – 515.

[124]CAMPAN A,TRUTA T M. Data and structural k – anonymity in social net-
        works[C]//Privacy,Security,and Trust in KDD,2008:33 – 54.

[125]ZHELEVA E,GETOOR L. Preserving the privacy of sensitive relationships in
        graph data[C]//First ACM SIGKDD International Workshop on Privacy,Se-
        curity,and Trust in KDD,2007:153 – 171.

[126] CORMODE G, SRIVASTAVA D, YU TING, et al. Anonymizing bipartite
        graph data using safe groupings[J]. VLDB journal:The International Journal
        of Very Large Data Bases,2010,19(1):115 – 139.

[127]YING X W,WU X T. Randomizing social networks:A spectrum preserving
        approach[C]//Proceedings of the 2008 SIAM International Conference on
        Data Mining,2008:739 – 750.

[128]YING X W,WU X T. On link privacy in randomizing social networks[J].
        Knowledge and Information Systems,2011,28(3):645 – 663.

[129]MITTAL P,PAPAMANTHOU C,SONG D. Preserving link privacy in social
        network based systems[J]. Computer Science,2012.

[130]RASTOGI V,HAY M,MIKLAU G,et al. Relationship privacy:output pertur-
        bation for queries with joins[C]//Proceedings of the Twenty – Eighth ACM
        SIGMOD – SIGACT – SIGART Symposium on Principles of Database Systems,
        2009:107 – 116.

[131]SHEYKHMOUSA M,MAHDIANPARI M,GHANBARI H,et al. Support vector machine versus random forest for remote sensing image classification: A meta – analysis and systematic review[J]. IEEE Journal of Selected Topics in Applied Earth Observations and Remote Sensing,2020,13:6308 – 6325.

[132]TOLEDO – PÉREZ D C,RODRÍGUEZ – RESéNDIZ J,GóMEZ – LOENZO R A,et al. Support vector machine – based EMG signal classification techniques:A review[J]. Applied Sciences,2019,9(20):4402.

[133]MALTAROLLO V G,KRONENBERGER T,ESPINOZA G Z,et al. Advances with support vector machines for novel drug discovery[J]. Expert Opinion on Drug Discovery,2019,14(1):23 – 33.

[134]KUMAR B,VYAS O P,VYAS R. A comprehensive review on the variants of support vector machines[J]. Modern Physics Letters,B. Condensed Matter Physics,Statistical Physics,Applied Physics,2019,33(25):24 – 34.

[135]CHAUHAN V K,DAHIYA K,SHARMA A. Problem formulations and solvers in linear SVM:A review[J]. Artificial Intelligence Review,2019,52(2): 803 – 855.

[136]NALEPA J,KAWULOK M. Selecting training sets for support vector machines:A review[J]. Artificial Intelligence Review,2019,52(2):857 – 900.

[137]CHAUDHURI K,MONTELEONI C. Privacy – preserving logistic regression [C]//Proceedings of the 21st International Conference on Neural Information Processing Systems,2009:289 – 296.

[138]CHAUDHURI K,MONTELEONI C,SARWATE A D. Differentially private empirical risk minimization[J]. Journal of Machine Learning Research,2011, 12(3):1069 – 1109.

[139]RUBINSTEIN B I P,BARTLETT P L,HUANG L,et al. Learning in a large function space:privacy – preserving mechanisms for SVM learning[J]. The Journal of Privacy and Confidentiality,2012,4(1):65 – 100.

[140]LI H R,XIONG L,OHNO – MACHADO L,et al. Privacy preserving RBF kernel support vector machine[J]. BioMed Research International,2014,2014 (32):827371 – 827380.

[141] OMER M Z, GAO H, MUSTAFA N. Privacy – preserving of SVM over vertically partitioned with imputing missing data[J]. Distributed and Parallel Databases, 2017, 35(3 – 4): 363 – 382.

[142] LIU X Q, LI Q M, LI T. Private classification with limited labeled data[J]. Knowledge – Based Systems, 2017, 133: 197 – 207.

[143] ZHANG Y L, HAO Z F, WANG S P. A differential privacy support vector machine classifier based on dual variable perturbation[J]. IEEE Access, 2019, 7: 98238 – 98251.

[144] SHEN M, TANG X Y, ZHU L H, et al. Privacy – preserving support vector machine training over blockchain – based encrypted IoT data in smart cities [J]. IEEE Internet of Things Journal, 2019, 6(5): 7702 – 7712.

[145] HUANG Y X, YANG G, XU Y H, et al. Differential privacy principal component analysis for support vector machines[J]. Security and Communication Networks, 2021, 2021: 1 – 12.

[146] BREESE J S, HECKERMAN D, KADIE C. Empirical analysis of predictive algorithms for collaborative filtering[C] // Proceedings of the Fourteenth Conference on Uncertainty in Artificial Intelligence, 1998: 43 – 52.

[147] JECKMANS A J P, BEYE M, ERKIN Z, et al. Privacy in recommender systems[J]. Social Media Retrieval, 2017: 263 – 281.

[148] CALANDRINO J A, KILZER A, NARAYANAN A, et al. "You might also like:" privacy risks of collaborative filtering [C] // 2011 IEEE Symposium on Security and Privacy, 2011: 231 – 246.

[149] ZHU T Q, REN Y L, ZHOU W L, et al. An effective privacy preserving algorithm for neighborhood – based collaborative filtering[J]. Future Generation Computer Systems, 2014, 36: 142 – 155.

[150] ZHU X, SUN Y Q. Differential privacy for collaborative filtering recommender algorithm[C] // Proceedings of the 2016 ACM on International Workshop on Security and Privacy Analytics, 2016: 9 – 16.

[151] JORGENSEN Z, YU T. A privacy – preserving framework for personalized, social recommendations[C] // 17th International Conference on Extending Data-

base Technology,2014.

[152] FRIEDMAN A,BERKOVSKY S,KAAFAR M A. A differential privacy frame-work for matrix factorization recommender systems[J]. User Modeling and User – Adapted Interaction,2016,26(5):425 – 458.

[153] MCSHERRY F, MIRONOV I. Differentially private recommender systems: Building privacy into the netflix prize contenders[C] // Proceedings of the 15th ACM SIGKDD International Conference on Knowledge Discovery and Data Mining,2009:627 – 636.

[154] BELL R M, KOREN Y. Scalable collaborative filtering with jointly derived neighborhood interpolation weights[C] // 7th IEEE International Conference on Data Mining,2007:43 – 52.

[155] LIU X,LIU A,ZHANG X,et al. When differential privacy meets randomized perturbation:A hybrid approach for privacy – preserving recommender sSystem [C] // International Conference on Database Systems for Advanced Applications,2017:576 – 591.

[156] ADOMAVICIUS G,TUZHILIN A. Toward the next generation of recommender systems:A survey of the state – of – the – art and possible extensions[J]. IEEE Transactions on Knowledge & Data Engineering, 2005, 17 (6): 734 – 749.

[157] HARPER F M,KONSTAN J A. The MovieLens datasets:History and context [J]. ACM Transactions on Interactive Intelligent Systems,2015(4):1 – 19.

[158] WARNER S L. Randomized response:A survey technique for eliminating eva-sive answer bias[J]. Journal of the American Statistical Association,1965,60 (309):63 – 66.

[159] HSU T S,LIAU C J,WANG D W. A logical framework for privacy – preser-ving social network publication[J]. Journal of Applied Logic,2014,12(2): 151 – 174.

[160] KULKARNI A R,YOGISH H K. Advanced unsupervised anonymization tech-nique in social networks for privacy preservation[J]. International Journal of Science and Research,2014,3(4):118 – 125.

[161]TRIPATHY B K,SISHODIA M S,JAIN S,et al. Privacy and Anonymization in Social Networks[M]. Social Networking. Springer International Publishing,2014.

[162]DAS S,EGECIOGLU O,ABBADI A E. Anonymizing weighted social network graphs[C]//2010 IEEE 26th International Conference on Data Engineering,2010:904 – 907.

[163]LIU L,WANG J,LIU J Z,et al. Privacy preserving in social networks against sensitive edge disclosure[C]//Technical Report CMIDA – HiPSCCS 006 – 08,Department of Computer Science. KY:IEEE,2010:32 – 35.

[164]COSTEA S,BARBU M,RUGHINIS R. Qualitative analysis of differential privacy applied over graph structures[C]//2013 11th Roedunet International Conference ,2013:1 – 4.

[165]兰丽辉,鞠时光. 基于差分隐私的权重社会网络隐私保护[J]. 通信学报,2015,36(9):145 – 159.

[166]MICHAEL H,VIBHOR R,GEROME M,et al. Boosting the accuracy of differentially private histograms through consistency[J]. Proceedings of the VLDB Endowment,2010,3(1 – 2):1021 – 1032.

[167]XU J,ZHANG Z J,XIAO X K,et al. Differentially private histogram publication[C]//2012 IEEE 28th International Conference on Data Engineering,2012:32 – 43.

[168]XU J,ZHANG Z J,XIAO X K,et al. Differentially private histogram publication[J]. VLDB journal:The International Journal of Very Large Database,2013,22(6):797 – 822.

[169]BARLOW R E,BRUNK H D. The isotonic regression problem and its dual [J]. Journal of the American Statistical Association,1972,67(337):140 – 147.

[170]HAY M,RASTOGI V,MIKLAU G,et al. Boosting the accuracy of differentially – private queries through consistency[J]. Computer Science,2009.

[171]KARWA V,RASKHODNIKOVA S,SMITH A,et al. Private analysis of graph structure[J]. ACM Transactions on Database Systems,2014,39(3):1 – 33.

[172] SHOARAN M, THOMO A. Zero - knowledge - private counting of group tri-
angles in social networks[J]. Computer Journal, 2017, 60 (1):126 - 134.

[173] GEHRKE J, LUI E, PASS R. Towards privacy for social networks: A zero -
knowledge based definition of privacy[C] // Theory of Cryptography Confe-
rence, 2011:432 - 449.

[174] TASK C. Privacy - preserving social network analysis[D]. Purdue Universi-
ty, Dissertations & Theses - Gradworks, 2015.

[175] MÜLLE Y, CLIFTON C, BÖHM K. Privacy - integrated graph clustering
through differential privacy[C] // Proceedings of the Workshops of the EDBT/
ICDT 2015 Joint Conference, Brussels, Belgium, 2015.

[176] NGUYEN H H, IMINE A, RUSINOWITCH M. Detecting communities under
differential privacy[J]. Proceedings of the 2016 ACM on Workshop on Priva-
cy in the Electronic Society, 2016:83 - 93.

[177] CORMODE G, PROCOPIUC C, SRIVASTAVA D, et al. Differentially private
summaries for sparse data [C] // Proceedings of the 15th International
Conferenceon Database Theory, 2012:299 - 311.

[178] BLONDEL V D, GUILLAUME J L, LAMBIOTTE R, et al. Fast unfolding of
communities in large networks[J]. Journal of Statistical Mechanics: Theory &
Experiment, 2008(10):155 - 168.

[179] HAY M, LI C, MIKLAU G, et al. Accurate estimation of the degree distribu-
tion of private networks [C] // 2009 9th International Conference on Data
Mining, 2009:169 - 178.

[180] CHRISTINE T, CHRIS C. What should we protect? Defining differential pri-
vacy for social network analysis[J]. State of the Art Applications of Social
Network Analysis, 2014:139 - 161.

[181] NEWMAN M E J. Analysis of weighted networks[J]. Physical Review E Sta-
tistical, Nonlinear & Soft Matter Physics, 2004, 70(5 Pt 2):056131.

[182] WATTS D J, STROGATZ S H. Collective dynamics of "small - world" net-
works[J]. Nature, 1998, 393(6684):440 - 442.

[183] LUSSEAU D, SCHNEIDER K, BOISSEAU O J, et al. The bottlenose dolphin

community of Doubtful Sound features a large proportion of long – lasting asso-ciations:Can geographic isolation explain this unique trait? [J]. Behavioral Ecology and Sociobiology,2003,54(4):396 – 405.

[184]GIRVAN M ,NEWMAN M E J. Community structure in social and biological networks[J]. Proceedings of the National Academy of Sciences of the United States of America,2002,99(12):7821 – 7826.

[185]LIU D,BAI H Y,LI H J,et al. Semi – supervised community detection using label propagation[J]. International Journal of Modern Physics B:Condensed Matter Physics; Statistical Physics; Applied Physics, 2014, 28 (29):1450208.

[186]LI H J,WANG Y,WU L Y,et al. Community structure detection based on Potts model and network's spectral characterization [J]. EPL, 2012, 97 (4):48005.

[187]LI H J,BU Z,LI A H,et al. Fast and accurate mining the community struc-ture:Integrating center locating and membership optimization [J]. IEEE Transactions on Knowledge & Data Engineering,2016,28(9):2349 – 2362.

[188]BEKIARI A,PETANIDIS D. Exploration of verbal aggressiveness and inter-personal attraction through social network analysis:Using university physical education class as an illustration[J]. Open Journal of Social Sciences,2016,4 (6):145 – 155.

[189]TAWILEH W. Evaluating virtual collaborative learning platforms using social network analysis[C]//2016 6th International Conference on Digital Informa-tion Processing & Communications,2016:80 – 86.

[190]CHAKRABORTY S,TRIPATHY B K. Alpha – anonymization techniques for privacy preservation in social networks[J]. Social Network Analysis & Min-ing,2016,6(1).

[191]TRIPATHY B K,CHAKRABORTY S. Privacy preservation in social networks through alpha – Anonymization techniques[J]. Proceedings of the 2015 IEEE/ ACM International Conference on Advances in Social Networks Analysis and Mining,2015:1602 – 1603.

[192]LIU P,BAI Y,WANG L,et al. Partial k – anonymity for privacy – preserving social network data publishing[J]. International Journal of Software Engineering & Knowledge Engineering,2017. 27(1):71 – 90.

[193]MIR D J ,WRIGHT R N. A differentially private graph estimator [C]//2009 IEEE International Conference on Data Mining ,2009:122 – 129.

[194]JURE L, DEEPAYAN C, JON K, et al. Kronecker graphs:An approach to modeling networks[J]. Journal of Machine Learning Research,2008,11:985 – 1042.

[195]WANG Y, WU X T. Preserving differential privacy in degree – correlation based graph generation [J]. Transactions on Data Privacy, 2013, 6(2):127 – 145.

[196]MAHADEVAN P,KRIOUKOV D,FALL K,et al. Systematic topology analysis and generation using degree correlations [J]. Proceedings of the 2006 Conference on Applications, Technologies, Architectures, and Protocols for Computer Communications, 2006:135 – 146.

[197]SALA A ,ZHAO X H ,WILSON C,et al. Sharing graphs using differentially private graph models[C]//Proceedings of the 2011 ACM SIGCOMM Conference on Internet Measurement Conference,2011:81 – 98.

[198]BARLOW R X,BRUNK H D. The isotonic regression problem and its dual [J]. Journal of the American Statistical Association, 1972, 67 (337):140 – 147.

[199]PROSERPIO D,GOLDBERG S,MCSHERRY F. A workflow for differentially – private graph synthesis [C]// Proceedings of the 2012 ACM Workshop on Workshop on Online Social Networks,2012:13 – 18.

[200]PROSERPIO D,GOLDBERG S ,MCSHERRY F. Calibrating data to sensitivity in private data analysis:A platform for differentially private analysis of weighted datasets[J]. Proceedings of the VLDB Endowment,2014. 7(8):637 – 648.

[201]MCSHERRY F. Privacy integrated queries:An extensible platform for privacy – preserving data analysis[J]. Communications of the ACM,2010,53(9):89 –

97.

[202]CHEN R ,FUNG B C M ,YU P S,et al. Correlated network data publication via differential privacy[J]. The VLDB Journal ,2014,23(4):653 – 676.

[203]张啸剑,王淼,孟小峰. 差分隐私保护下一种精确挖掘 top – k 频繁模式方法[J]. 计算机研究与发展,2014,51(1):104 – 114.

[204]ZHANG X J,MENG X F. Discovering top – k patterns with differential privacy – an accurate approach [J]. Frontiers of Computer Science, 2014, 8 (5):816 – 827.

[205]WANG N,WANG Z G,GU Y,et al. Differentially private top – k frequent columns publication for high – dimensional data[J]. IEEE Access,2019,7: 177342 – 177353.

[206]LIANG W J,CHEN H,ZHANG J,et al. An effective scheme for top – k frequent itemset mining under differential privacy conditions [J]. Science China – Information Sciences,2020,63(5):159101.

[207]WANG J Y,FANG S J,LIU C,et al. Top – k closed co – occurrence patterns mining with differential privacy over multiple streams[J]. Future Generation Computer Systems,2020,111:339 – 351.

[208]CHANG C C,LIN C J. LIBSVM:a library for support vector machines[J]. ACM Transactions on Intelligent Systems and Technology,2011,2(3):1 – 27.

[209]KEERTHI S S,SHEVADE S K,BHATTACHARYYA C,et al. Improvements to Platt's SMO Algorithm for SVM classifier design[J]. Neural Computation, 2001,13(3):637 – 649.

[210]KEERTHI S S,GILBERT E G. Convergence of a generalized SMO algorithm for SVM classifier design [J]. Machine Learning, 2002, 46 (1 – 3): 351 – 360.

[211]CHEN P H, FAN R E, LIN C J. A study on SMO – type decomposition methods for support vector machines[J]. IEEE Transactions on Neural Networks,2006,17(4):893 – 908.

[212]ZUO L,YI Z,LV J C. An improved working set selection for SMO – type decomposition method[J]. Nonlinear Analysis Real World Applications,2010,

11(5):3834 – 3841.

[213] TORRES – BARRÁN A, ALAÍZ C M, DORRONSORO J R. Faster SVM training via conjugate SMO[J]. Pattern Recognition, 2021, 111:107644.

[214] GU B, SHAN Y Y, QUAN X, et al. Accelerating sequential minimal optimization via stochastic subgradient descent[J]. IEEE Transactions on Cybernetics, 2021, 51(4):2215 – 2223.

[215] BISORI R, LAPUCCI M, SCIANDRONE M. A study on sequential minimal optimization methods for standard quadratic problems[J]. 4OR: Quarterly Journal of the Belgian, French and Italian Operations Research Societies, 2022, 20(4):685 – 712.

[216] HUSH D, SCOVEL C. Polynomial – time decomposition algorithms for support vector machines[J]. Machine Learning, 2003, 51(1):51 – 71.

[217] LIN C J. On the convergence of the decomposition method for support vector machines[J]. IEEE Transactions on Neural Networks, 2001, 12(6): 1288 – 1298.

[218] LIN C J. Asymptotic convergence of an SMO algorithm without any assumptions[J]. IEEE Transactions on Neural Networks, 2002, 13(1):248 – 250.

[219] ZHAO Z D, LEI Y, WANG Y X, et al. A novel model of working set selection for SMO decomposition methods[C] //19th IEEE International Conference on Tools with Artificial Intelligence, 2007:283 – 293.